my News explica!

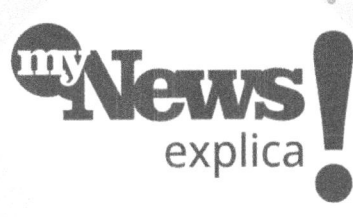

O Diabo

Edin Sued Abumanssur

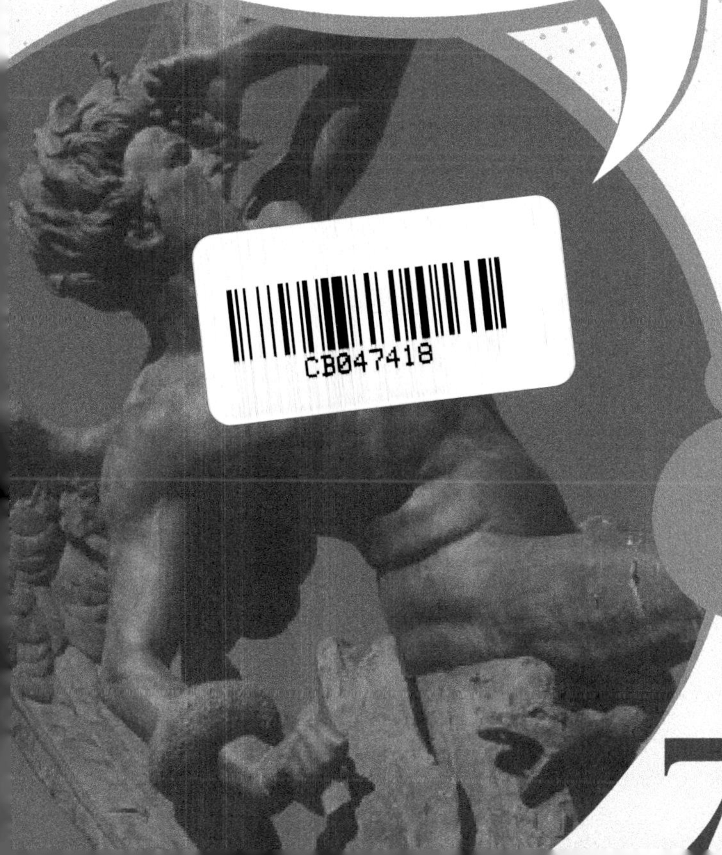

70

O Diabo
Edin Sued Abumanssur

70

MYNEWS EXPLICA O DIABO
© Almedina, 2023

AUTOR: Edin Sued Abumanssur

DIRETOR DA ALMEDINA BRASIL: Rodrigo Mentz
EDITOR: Marco Pace
EDITOR DE DESENVOLVIMENTO: Rafael lIMA
COORDENADORAS DA COLEÇÃO MYNEWS EXPLICA: Gabriela Lisboa e Mara Luquet
ASSISTENTES EDITORIAIS: Larissa Nogueira e Letícia Gabriella Batista
ESTAGIÁRIA DE PRODUÇÃO: Laura Roberti

REVISÃO: Luciana Boni e Alex Fernandes
DIAGRAMAÇÃO: Almedina
DESIGN DE CAPA: Roberta Bassanetto
IMAGEM DE CAPA: El Ángel Caído (Ricardo Bellver)

ISBN: 9786554271028
Junho, 2023

Dados Internacionais de Catalogação na Publicação (CIP)
(Câmara Brasileira do Livro, SP, Brasil)

Abumanssur, Edin Sued
MyNews explica o Diabo / Edin Sued Abumanssur.
1. ed. – São Paulo : Edições 70, 2023.

ISBN 978-65-5427-102-8

1. Diabo – Cristianismo 2. Diabo – História
3. Igreja Católica I. Título.

23-150245   CDD-235.4

Índices para catálogo sistemático:

1. Diabo : Teologia dogmática cristã 235.4

Henrique Ribeiro Soares – Bibliotecário – CRB-8/9314

Este livro segue as regras do novo Acordo Ortográfico da Língua Portuguesa (1990).

Todos os direitos reservados. Nenhuma parte deste livro, protegido por copyright, pode ser reproduzida, armazenada ou transmitida de alguma forma ou por algum meio, seja eletrônico ou mecânico, inclusive fotocópia, gravação ou qualquer sistema de armazenagem de informações, sem a permissão expressa e por escrito da editora.

EDITORA: Almedina Brasil
Rua José Maria Lisboa, 860, Conj. 131 e 132, Jardim Paulista | 01423-001 São Paulo | Brasil
www.almedina.com.br

Apresentação

Zelar pela informação correta de boa qualidade com fontes impecáveis é missão do jornalista. E nós no MyNews levamos isso muito a sério. No século 21, nosso desafio é saber combinar as tradicionais e inovadoras mídias criando um caldo de cultura que ultrapassa barreiras.

A nova fronteira do jornalismo é conseguir combinar todos esses caminhos para que nossa audiência esteja sempre bem atendida quando o assunto é conhecimento, informação e análise.

Confiantes de que nós estaremos sempre atentos e vigilantes, o MyNews foi criado com o objetivo de ser plural e um *hub* de pensamentos que serve como catalisador de debates e ideias para encontrar respostas aos novos desafios, sejam eles econômicos, políticos, culturais, tecnológicos, geopolíticos, enfim, respostas para a vida no planeta nestes tempos tão estranhos.

A parceria com a Almedina para lançar a coleção MyNews Explica vem de uma convergência de propósitos.

A editora que nasceu em Coimbra e ganhou o mundo lusófono compartilha da mesma filosofia e compromisso com o rigor da informação e conhecimento. É reconhecida pelo seu acervo de autores e títulos que figuram no panteão de fontes confiáveis, medalhões em seus campos de excelência.

A coleção MyNews Explica quer estar ao seu lado para desbravar os caminhos de todas as áreas do conhecimento.

MARA LUQUET

Prefácio

O diabo é mau. Mas como todo personagem que representa o mal, ele também é sedutor. Talvez o diabo seja o maior dos enigmas jamais produzidos pela cultura ocidental. Alvo de controvérsias teológicas, antropológicas, filosóficas e de todas as demais disciplinas acadêmicas, mas ocupa também lugar de destaque no senso comum da população. O diabo não precisa existir para haver, já ensinava mestre Riobaldo em sua fórmula sertaneja de atualizar Santo Agostinho.

O diabo surge inicialmente como uma solução para livrar Deus da responsabilidade pelos infortúnios que nos atingem, mas, enquanto solução, é também um grande problema para a teodiceia monoteísta. Essa contradição vem animando os teólogos e intelectuais cristãos desde o segundo século da Era Cristã. Dezenas de soluções para o paradoxo foram analisadas nestes dois mil anos, mas nenhuma foi capaz de acomodar toda a complexidade do problema. Por um lado, o diabo é necessário para sustentar a plausibilidade da fé cristã. Por outro, ele é incompatível com a majestade livre e soberana de um Deus único tido como essencialmente bom. A conta simplesmente não fecha.

Em muitos sentidos, o Ocidente é produto do cristianismo. Ele está presente na maneira como vemos o mundo, na nossa concepção do que é religião, no nosso entendimento do que sejam os Direitos Humanos, na maneira como lidamos com a vida e a morte, no nosso esforço para encontrar um sentido nos acidentes do caminho, presente em nosso calendário e na nossa forma de marcar o tempo, na concepção do que é ciência e de como organizamos nossas universidades, na maneira como imaginamos a divisão binária da vida social cindida entre o espaço público e o privado, nas confusões e disputas em torno do que seja viver a vida boa. Tudo isso emerge no ambiente cultural construído pelo cristianismo. E o cristianismo não seria o que é sem a figura do diabo. A ética, a política, a arte, a ciência, tudo isso gravita em torno da ideia de que há, objetivamente, um sagrado nefasto que se situa no polo oposto e irreconciliável de um sagrado fasto. Se somos a síntese dessa relação antitética ou se somos apenas o restolho de uma ceifa mal concluída é algo que compreenderemos somente no final dos tempos.

Este não é um texto de teologia ou de demonologia. É apenas um texto sobre o diabo e de como, no Ocidente, ele é articulador e estruturador de nossa cultura, de nossa forma de ver e de viver no mundo. Esse é o mote deste livro, se você estiver procurando por um: o mundo ocidental se fez e se consolidou tendo a religião cristã como seu centro de gravidade e o diabo é fato incontornável dessa fé.

Nós, os cristãos ocidentais, independentemente da fé professada – porque mesmo que ateus, somos irremediavelmente cristãos no nosso jeito de ser – tanto fizemos e aprontamos que fomos capazes de matar o diabo no século XVIII e o próprio Deus no século XIX. Esse duplo deicídio, imposto por uma racionalidade inaudita, nunca vista nem experimentada em nenhuma outra época ou lugar (WEBER, 2001, p. 11ss), leva-nos a pensar que provavelmente jogamos a criança junto com a água do banho. O mal em sua banalidade insidiosa, sutil e melíflua toma conta de tudo e não temos por onde pegá-lo. Hoje compreendemos que o diabo é uma necessidade, mas já não podemos mais contar com ele para domesticar o horror que nos aguarda.

O diabo é um tema profícuo. Praticamente qualquer coisa que diga respeito ao ser humano pode ser referido, com maior ou menor propriedade, a esse personagem. Não há livro capaz de esgotar o assunto. No caso deste, os temas que ficaram de fora são vários. O inferno é um deles. O inferno é uma grande invenção. Ele responde a um senso de justiça sem o qual a vida em sociedade seria inviável. O destino último não pode ser o mesmo para os justos e os injustos, os bons e os maus. Em algum momento, senão aqui, em um futuro qualquer, quem deve terá de pagar. Mesmo na outra vida, alguma hierarquia será preservada para distinguir quem é quem na ordem moral de nossas sociedades, por isso nem na morte estaremos a salvo dos enquadramentos sociais que sofremos em vida. A imaginação sobre o inferno cristão transitou entre um lugar físico de dor e sofrimento eternos de um lado e uma metáfora para as amarguras experimentadas neste mundo de outro. O universo semântico que o inferno carrega exigiria vários capítulos de reflexão e exposição para fazermos justiça à sua relevância em nossa cultura. Optei em não tratar desse tema aqui, mesmo porque, em parte, inferno e diabo se sobrepõem enquanto figuras de um mesmo imaginário.

Outro tema que ficou de fora deste livro é a iconografia do diabo. As representações do diabo nas artes plásticas e na literatura atendem a interesses e necessidades das mais variadas. A sua figura varia de um monstro terrificante, soberano e devorador até a de um homem belo e elegante servindo de tropeço aos incautos. Entre um ser que se busca evitar e um que a todos seduz, as artes representativas serviram de suporte à catequese dos povos conquistados e que precisavam ser educados na cultura cristã. Há ainda o pequeno diabo travesso que, eventualmente, pode prestar diversos serviços domésticos, há o diabo tolo e ingênuo, passível de ser enganado, enfim, quase todos temas que compõem o conjunto de nossa ordem moral encontram uma representação condizente nesse personagem. Por essa razão, entendemos que o assunto ficaria mais bem tratado num texto específico sobre as relações entre religião e arte. Nosso enfoque aqui procurou centrar-se numa abordagem mais socioantropológica e histórica.

Talvez este livro não tenha muito a ver com o diabo mesmo. Na verdade, ele trata da maneira como no Ocidente nós lidamos com o problema do mal. A gestão do mal – e de sua expressão temporal, a maldade – é o que subjuga e ao mesmo tempo motiva o ser humano em seu empreendimento civilizatório. Portanto, o diabo nos interessa apenas enquanto a maneira como, no Ocidente cristão, nós administramos o mal que nos rodeia.

As religiões são, entre outras coisas, sistemas de controle das incertezas e do mal. Há o mal que possui uma ontologia, uma metafísica e que se opõe ao bem. Há o mal que pode ser analisado na perspectiva da ética e da moral que se funde e se confunde com o pecado. Há ainda o mal sofrido no cotidiano, que nos atinge o corpo ou o espírito. É o mau vivido e se antagoniza com o bom.

Fundamentalmente, são as religiões monoteístas que carregam em seu DNA o problema insolúvel do mal. Se Deus é uma realidade ontológica e se é essencialmente bom e justo, e mais, sendo ele onipotente, como explicar o mal? A teologia produziu diferentes respostas para esse paradoxo. Elas podem ter um elevado nível de sofisticação, mas, absolutamente, poucas vezes satisfaz o coração e a mente de quem sofre. Como lidar com a dor cuja causa última nos é inacessível? Um Deus bom e onipotente é incompreensível pela incongruência da justaposição de dois termos que, em algum momento, se excluem. Poder e bondade vagam por caminhos divergentes.

Procuramos, neste livro, um enfoque mais apropriado às Ciências Humanas. Um dos caminhos escolhidos foi desviar o olhar do personagem e voltá-lo para as sociedades e comunidades que tiveram de se entender com o mal e a maldade sofridas. Outro caminho foi observar o diabo não com os olhos da Igreja, ou com os olhos da religião, mas entendê-lo como produção cultural necessária para se fechar a conta da maldade. É essa visada externa que nos guiou. Essa é uma atitude descompromissada com a fé e/ou a crença no objeto, pois entendemos que esse tipo de compromisso fica mais bem assentado nas teologias que as igrejas cristãs produziram sobre ele.

O livro é inconcluso como acho que convém ao tema tratado. No entanto, termino com uma firme desconfiança: nem as ciências, nem a teologia, estão apetrechadas o suficiente para uma adequada exposição do Tinhoso ensaboado.

O diabo é apreensível apenas por aproximações, tangências e referências indiretas. Ele é uma grande metáfora e, como tal, devíamos deixar o assunto para os poetas. Esses sim, têm a competência que lhes é própria para falar do inefável.

Sumário

CAPÍTULO 1 – AS ORIGENS DO DIABO 15

CAPÍTULO 2 – OS NOMES DO DIABO. 27

CAPÍTULO 3 – ENCANTAMENTOS E DESENCANTAMENTOS 37

CAPÍTULO 4 – AS BRUXAS 47

CAPÍTULO 5 – A GESTÃO DO MAL 59
   O exorcismo. 61
   O pacto. 68

CAPÍTULO 6 – A MORTE DO DIABO 75

CAPÍTULO 7 – SOBRE A BANALIDADE DO MAL. 83

CAPÍTULO 8 – O DIABO NA CULTURA POPULAR. 91

REFERÊNCIAS 103

Capítulo 1
As Origens do Diabo

O diabo tem história: começo, meio e, talvez, um fim. Certamente é uma história controversa e obscura, como convém aos personagens míticos, mas é também suficiente para satisfazer a curiosidade de pessoas que querem saber se há um culpado para o mal que rege o mundo.

Traçar a gênese desse personagem é tarefa complexa e complicada, talvez desnecessária até. Sua origem se perdeu nos crespos da história. No Antigo Testamento não se tem notícias do diabo propriamente dito. É pela obra de 1Enoque, um conjunto de livros escritos entre o século IV a.C. e o início da Era Cristã, que tomamos contato pela primeira vez com o Cujo. É nesses textos, de autoria tão obscura quanto seu personagem central, que se encontra a pretensa origem do diabo como um ser celestial caído em desgraça.

O grande e maravilhoso mito dos anjos caídos impregnava o ambiente cultural dos autores do Novo Testamento e dos primeiros cristãos. Esse mito rendeu obras primas como "A Divina Comédia" do poeta medieval Dante Alighieri. Muito do que se pensa sobre o diabo e seus demônios, ainda nos dias de hoje, devemos a esse autor. Dante, com sua poesia, fez mais pelo diabo do que todos os teólogos medievais reunidos. Do início da Era Moderna podemos citar John Milton com seu grandioso poema "O Paraíso Perdido". Outro poeta que superou os teólogos. Não quero dizer que poesia seja coisa do diabo, mas desconfio que a poesia seja a melhor linguagem para se fazer teologia.

De qualquer forma, é somente graças à literatura enoquita que alguns textos do Antigo Testamento foram associados à figura do demônio. O mito dos anjos caídos tem sua origem no *Livro dos Vigilantes* (ou *das Sentinelas*), um dos cinco livros da obra 1Enoque. Essa obra é composta por outros quatro livros, a saber, *Parábolas de Enoque*, *Livro Astronômico*, *Livro dos Sonhos* e *Epístola de Enoque*. Há referências a 1Enoque nos Manuscritos do Mar Morto, 300 anos antes de Cristo. O imaginário israelita do período intertestamentário, no que diz respeito aos demônios, é permeado e animado por esses textos e por outras tradições mesopotâmicas. A recorrência dos demônios no Novo Testamento é a expressão desse imaginário comum à época e que acabou por conformar a maneira como os apóstolos entendiam a presença do mal entre os homens.

É, pois, no *Livro dos Vigilantes* que se encontra a principal fonte para a origem dos demônios e, por extensão, a explicação para a origem do mal. Dos cinco livros que compõem a obra de 1Enoque, é este que nos interessa mais de perto. É nele que se encontra o mito originário sobre o qual erigimos nosso entendimento sobre demônios, sobre o mal e sobre a maldade de que somos capazes.

No Antigo Testamento não há nada semelhante a demônios como seres malignos, inimigos de Deus, seres que personificam a ideia do mal, promotores da maldade da qual somos agentes e pacientes. Em algumas passagens é o próprio Deus capaz do bem e do mal como em Isaías 45, 6 e 7 ou em Amós 3, 6 e mesmo em Jó 2, 10. A palavra satã (assim mesmo, com letra inicial minúscula) era, originalmente, qualquer pessoa com a função de promover uma acusação ou agir como um adversário. Davi foi um satã em I Samuel 29, 4. O adversário de Salomão, em I Reis 11, 23 é chamado de satã enviado por Deus. O anjo de Deus que confronta Balaão, em Números 22, é também chamado de satã. Portanto, no Antigo Testamento a palavra não designa um ser, mas uma função, um papel ou um atributo de uma pessoa ou um anjo de Deus. Satã é um acusador, um adversário, um inimigo ou mesmo um promotor de justiça em um tribunal. "Como se percebe, satã não é na Bíblia hebraica um líder de demônios e muito menos um adversário de Deus. O diabo, na Bíblia hebraica, é o diabo de Deus" (Terra, 2019, 26).

Mas, como é que há tantas menções ao diabo e aos demônios no Novo Testamento? De onde vêm esses seres que subjugaram a imaginação das pessoas da época dos apóstolos e de Jesus? Em parte, vêm da literatura enoquita e em parte do intercâmbio cultural dos hebreus no exílio e no pós-exílio babilônico. A literatura enoquita é produzida após a volta dos hebreus que foram levados cativos para a Babilônia. É chamada de Literatura do Segundo Templo, pois refere-se ao período da reconstrução do Templo em Jerusalém. As trocas culturais durante e depois da convivência com os persas, babilônios e gregos deixaram suas marcas e uma demonologia mais bem elaborada foi uma delas. O texto de 1Enoque, incluindo o Livro dos Vigilantes, é uma das expressões do diálogo intercultural dos povos daquele período.

Segundo 1Enoque, um grupo de duzentos anjos que assistiam na Corte Celeste, nomeados de Vigilantes, ou Sentinelas ou, ainda, Observadores, viram que as mulheres, filhas dos homens, eram bonitas e atraentes. Foram tomados de desejos e planejaram desposá-las e ter filhos com elas. Semiaza era o seu líder. Da relação desses anjos com as belas mulheres nasceram gigantes que exploravam o trabalho humano, se apropriavam da produção das lavouras, escravizavam e matavam os trabalhadores e bebiam o seu sangue.

Em outra versão dessa narrativa os Vigilantes, liderados por Azael, ensinam a metalurgia aos homens e a trabalhar com metais preciosos e ensinam encantamentos às mulheres e o uso das plantas.

Mas a maldade se espalha sobre a terra pela ação da prole gerada pela relação entre os filhos de Deus e as filhas dos homens e a humanidade clama aos arcanjos Gabriel, Suriel, Rafael (Uriel) e Miguel que intercedam junto a Deus em favor da humanidade. Deus, então, envia Suriel para alertar Noé e instruí-lo na fabricação da Arca; a Rafael é ordenado aprisionar Azael embaixo da terra; Gabriel é incumbido de destruir os gigantes e Miguel deve aprisionar Semiaza e os demais que se uniram a ele. Esse aprisionamento duraria até o Dia do Juízo quando Azael seria jogado em um Abismo de Fogo para tormento eterno. Segundo Philip Almond, essa é a primeira notícia que se tem no Ocidente de que a História caminha para um fim. Haverá um dia final de juízo e justiça. (ALMOND, 2021, 25).

Gabriel destruiu os gigantes, mas seus espíritos sobreviveram e eles se tornaram os demônios que conhecemos, conforme relata o livro de 1Enoque:

E agora, os gigantes que foram nascidos de corpo e carne serão chamados Espíritos Malignos sobre a Terra, e sobre a Terra será sua habitação. E espíritos malignos originaram-se de sua carne, porque nos céus foram criados, das Santas Sentinelas foi sua origem e primeira criação. Espíritos malignos serão sobre a terra, e 'Espíritos dos Malignos' serão chamados. E a habitação dos Espíritos Celestes serão os Céus, mas a habitação dos espíritos da Terra, que foram nascidos na Terra, é a Terra. E os espíritos dos gigantes fazem iniquidade, são corruptos, atacam, lutam, e causam destruição sobre a terra, e causam sofrimento. E não comem, nem bebem, e não são vistos. E estes espíritos se levantarão contra os filhos dos homens, e contra as mulheres, porque eles se originaram deles durante os dias de matança e destruição. (Enoque, 15, 8–12)

É uma estória fantástica com algumas variantes a depender da versão. Além da origem dos espíritos malignos, o Livro de Enoque também elabora uma sofisticada hierarquia de anjos e arcanjos com distribuição de funções e responsabilidades. O sentido geral do texto é a exaltação da justiça de Deus e da retidão do seu julgamento. Assegura a punição da iniquidade e o fim de todo sofrimento no final dos tempos. É nesse embate entre o bem e o mal, entre os anjos que renegaram seu lugar no céu e aqueles que permaneceram fiéis a Deus, que se elabora uma teodiceia que visa dar sentido à dor e ao sofrimento. Esse tipo de literatura, chamada de literatura apocalíptica, obedece a esse padrão que aponta para o fim dos tempos como o momento em que finalmente se fará justiça aos santos e eleitos e, por outro lado, aqueles que se alinharam com a maldade receberão as suas pagas. Além do livro 1Enoque, havia muitos outros textos em circulação que seguiam esse roteiro que apontava para um dia de juízo e justiça. Esse tipo de literatura, como por exemplo o Apocalipse de João, era fundamentalmente um anúncio de esperança para pessoas que viviam situações de opressão e injustiça. Tendo essa situação como pano de fundo, a obra 1Enoque adquire nova luz e permite-nos elaborar as perguntas corretas sobre o diabo e seus demônios.

No Novo Testamento há ecos de 1Enoque em 1Pd 3, 18-20, em 2Pd 2, 4 e em Jd 6. Considerando que o mito enoquita dos anjos caídos permeava a cultura e o imaginário dos tempos de Jesus, o domínio que ele exercia sobre os demônios era uma forma de demonstrar que sua missão entre os homens e mulheres era de origem divina.

Mas, contudo, há algumas coisas em 1Enoque que não podem passar batidas. A primeira delas é que, desde Enoque, nós incorporamos a ideia de que a História caminha para um fim e que ao final haverá um julgamento que equalizará as diferenças e a justiça será feita. Essa percepção de que as situações de injustiça não fazem parte da naturalidade da vida, mas que exigem uma resposta, é própria desse mundo originado nesse período anterior a Jesus e que conformou, ao longo dos séculos, a percepção ocidental sobre os Direitos Humanos. Essa ideia sobre direitos de homens e mulheres a uma vida justa e digna começa a ser gestada nesses tempos longínquos e vem sendo aperfeiçoada desde então. É uma ideia que só adquire sentido no contexto de uma História que segue um curso linear até um desfecho no qual se encontrará a desejada harmonia final. É neste terreno que estão fincadas as bases para o entendimento do que seja justiça e progresso. O lado ruim desse mito é que ele joga para um futuro indefinido e incerto toda a possibilidade de justiça. Uma justiça tão distante não poderá redimir as lágrimas de dor e sofrimento, ao menos não as de uma criança faminta.

De que servirá o inferno para os carrascos que infringiram tanta dor?

> Os carrascos sofrerão no inferno, dir-me-ás tu. Mas de que serve esse castigo, uma vez que as crianças tiveram também o seu inferno? Aliás, que vale essa harmonia que comporta um inferno? Quero o perdão, o beijo universal, a supressão do sofrimento. E, se o sofrimento das crianças serve para perfazer a soma das dores necessárias à aquisição da verdade, afirmo desde agora que essa verdade não vale tal preço (Dostoiévski, 1970, p. 183)

Mas, mesmo que tenhamos, na Modernidade, abandonado a ideia do Grande Dia de Ajuste de Contas, permaneceu ainda no imaginário do homem ocidental a ideia de que a História corre em uma determinada direção. Permanece a ilusão de que há um sentido ascendente e progressivo para o movimento dos povos e nações. A questão é que sem o diabo e seus demônios, o seu julgamento e destino final, a percepção dessa linearidade civilizatória não se constituiria e estaríamos andando em círculos, perdidos no vai e vem da vida. É preciso que haja um fim para todo o mal que há na terra.

Philippe Nemo (2005) entende também que o judeo-cristianismo contribuiu para introduzir no mundo Ocidental a ideia de que mudanças acontecem e acontecem em uma determinada direção. Isso representou uma tremenda ruptura com as ideias da circularidade da História que vigiam nos tempos anteriores a Jesus. Foi uma nova proposta mítica em contrário ao mito do Eterno Retorno. Para Nemo, os princípios da ética ocidental estão ancorados numa nova sensibilidade. A moral judeo-cristã

> ... ao propor uma sensibilidade inédita ao sofrimento humano, um espírito – sem equivalente na história anterior conhecida – de rebelião contra a ideia da normalidade do mal, deu o primeiro impulso para a dinâmica do progresso no plano histórico (p. 45)

A novidade trazida por essa moral não estava em oferecer soluções ainda não pensadas para o problema do sofrimento, mas antes em perceber como anomalias as situações que eram até então consideradas apenas como parte da natureza eterna das coisas. O mérito dessa nova moralidade está em entender como problema as situações inaceitáveis de indignidade humana. A dor e o sofrimento deixam de fazer parte da naturalidade das coisas e exigem uma resposta. Diz ainda, Nemo:

> Eis porque a Bíblia, ao romper com a serenidade da moral pagã, rompe também com o tempo cíclico do Eterno Retorno; ela vai inaugurar um tempo, senão exatamente linear, pelo menos voltado para a frente, que poderá e deverá trazer algo de Novo, um tempo que começa com uma Criação e está orientado para um 'fim dos tempos' em que, de acordo com o Apocalipse, 'todas as coisas serão feitas novas' (p. 50)

Sobre essa perspectiva é preciso enfatizar que tal ruptura inicia-se no tempo posterior ao exílio hebreu e anterior ao nascimento de Jesus. É justamente na literatura apocalíptica não canônica desse Israel pós-exílio que se vê pela primeira vez a ideia de um juízo final e a solução definitiva para o problema do mal. Esse Dia do Juízo é proposto por Enoque para dar conta da saga dos Anjos Rebeldes e sua prole de espíritos demoníacos. O mito dos Anjos Caídos tem, pois, um lugar de destaque na formação de um novo imaginário do qual a cultura ocidental é herdeira e tributária. Esse é um paradoxo curioso, o de que a ideia do diabo é responsável pelo desenvolvimento da moral. Ele funciona como um contraponto que precisa de uma resposta.

A ideia de que a justiça está reservada para o fim dos tempos levou a diferentes formas de ação política. De um lado os movimentos sectários, leigos ou religiosos, que entendiam e entendem que é possível acelerar o dia final. Esses movimentos podem assumir uma postura isolacionista de separação do mundo ou podem também tomar atitudes de combate ativo contra um mundo que julgam ser mal. As doutrinas revolucionárias, na Idade Média ou na Era Moderna, esposam essa urgência para o triunfo do Bem.

Outra atitude derivada da ideia de que haverá um limite para a ação dos demônios assumiu a postura processual segundo a qual o dia luminoso é uma construção lenta e paciente do desenvolvimento do espírito, da racionalidade e da ação responsável. O aperfeiçoamento das ordens democráticas modernas, dos ideais de liberdade e direitos individuais, são expressões laicizadas de uma escatologia religiosa.

Ainda, outra coisa instigante no mito dos anjos que se rebelaram contra Deus, além da própria rebeldia angelical, é que a partir desse mito enoquita a terra é vista como um campo de batalha entre Deus e o diabo. A tensão dinâmica entre o Bem e o Mal é trazida para o campo da História humana. Um e outro não são mais problemas metafísicos de ordem sobrenatural, fora do alcance da compreensão e ação humanas. O Mal reside na porta ao lado. A historicização do Bem e do Mal traduziu questões ontológicas para o campo da ética.

O diabo, como anjo rebelado, vem em auxílio da ideia de um Deus essencialmente bom. A maldade fica por conta de um ser criado livre e que, no exercício de sua liberdade, escolheu opor-se a Deus. Isso resolve em parte o problema da teodiceia. Por um lado, salva a imagem de Deus como um ser bom, mas, por outro lado, compromete a ideia de que esse Deus é onipotente. Bondade e onipotência não podem ser atributos de um mesmo Deus. Pelo menos não em um mundo onde o mal impera.

As tentativas teológicas de conciliar poder e bondade resultaram canhestras. Criar categorias como, por exemplo, "vontade permissiva" e "vontade decretiva" de Deus, em absoluto não o isenta da responsabilidade pelo que de ruim nos acontece. Nem tampouco a solução calvinista de um ser absolutamente livre que não deve satisfação por suas decisões e ações, poderia ser satisfatória ao espírito moderno. A solução de um poder limitado e dividido entre duas divindades é mais vantajosa, pois um Deus impotente, ou, no mínimo, que pode pouco diante de nossa liberdade ou diante da liberdade de Satanás, permite pensá-lo sob a luz da bondade. É essa última fórmula teológica que abre o terreno para se pensar a história como um campo de batalha entre as forças do Bem e as do Mal. O mito da Batalha Espiritual é tão antigo como o próprio diabo. Os pais da Igreja são pródigos em tratar desse tema: Irineu, Orígenes, Gregório de Nisa, João Crisóstomo, além de Agostinho e outros, veem a trajetória de Jesus, desde sua encarnação até sua ressurreição sob a luz dessa batalha entre Deus e o Diabo. Uma batalha que será vencida por Deus na qual as forças do bem prevalecerão.

A história do diabo, nos três primeiros séculos do cristianismo é rica e cheia de filigranas teológicas. Um debate intenso tomou conta da Igreja até fixar-se a narrativa dos anjos criados bons e com livre-arbítrio e que, rebelando-se contra Deus, foram expulsos da corte divina. Isso permitiu a manutenção da narrativa monoteísta e, ao mesmo tempo abriu-se uma janela de possibilidade para a afirmação da ideia de um Deus bom em sua natureza. O curioso é que a fórmula do Credo Apostólico não faz menção ao diabo e não faz justiça ao calor dos debates que o precederam. Talvez porque, quando foi formulado, o assunto já não era mais motivo de disputas internas entre os teólogos. Ou talvez porque o Credo – os Credos, na verdade – está preocupado com as formulações dogmáticas que funcionam como pedras angulares na construção da Igreja e que o diabo seja um tema mais associado às questões de ética sem o peso axial nos fundamentos da narrativa cristã. Pelo menos nos primeiros séculos do cristianismo.

De qualquer forma, as disputas em torno do assunto, entre os pais da Igreja, serviram para a construção de um imaginário denso e consistente no início da Era Cristã sobre essa figura do mal. A partir de então, a responsabilidade pelo mal e pela maldade passa a ser, de forma direta ou indireta, de Satanás e seus demônios e institui o antagonismo eterno e extenso entre Deus e o diabo. Isso marcou de forma indelével toda a história posterior da Igreja e do Ocidente cristão.

O conflito existente desde então entre o Bem e o Mal está inscrito nas dobras da alma ocidental. A batalha entre dois deuses faz muito sentido para o cidadão comum que não tem grandes identidades com a teologia mais erudita. A batalha que acontece em esferas acessíveis apenas ao espírito, tem grande acolhida nos meios populares e está nos fundamentos da espiritualidade contemporânea. O mito da Batalha Espiritual é a grande âncora da Teologia da Prosperidade que sustenta as formas neopentecostais de religiosidade. Essa teologia deposita nas costas do indivíduo o peso da responsabilidade pela sua própria salvação, ou seja, segundo ela, a eficácia salvacionista vai depender da trincheira na qual o indivíduo se posiciona na grande batalha entre Deus e o diabo. Esse aspecto meritocrático individual está presente na cultura contemporânea que dá suporte à defesa de um Estado minimalista no campo da educação, da saúde e da segurança. O *laissez faire* neoliberal encontra na ética neopentecostal ancorada na Teologia da Prosperidade e em toda a retórica em torno do empreendedorismo pessoal, uma fonte de legitimação e plausibilidade. A salvação meritocrática depende de um senso de justiça natural, atávico e intuitivo fundado na ideia de um ajuste de contas onde cada um terá aquilo que fez por merecer.

Capítulo 2
Os Nomes do Diabo

Livrai-nos do Mal. Amém (Mt 6, 13)

O Malamém[1] assombra nossa imaginação desde os primeiros momentos de nossa infância. Ele surge como uma coisa – ou é imaginado como tal – insidiosa, presente nos desvãos e *nos crespos* de nossa alma. O Malamém é o diabo em uma percepção ontológica e substantiva, para além da moral. Ele se apresenta de forma variada e múltipla. O diabo é a síntese da ideia do mal. Todo o mal concentrado numa representação[2] que pode ser descrita, circunscrita, restrita. Ele é uma multidão de demônios, por isso também: Legião.

---

[1] Malamém é o diabo. Esse nome aponta para a reificação, ou substantivação, da ideia do mal na figura do diabo segundo o imaginário popular.

[2] O diabo não é mera fantasia da mente religiosa. Ele é uma ideia carregada de significado para os grupos sociais que a sustentam, isto é, o diabo é uma representação (SANTOS, Dominique, 2011).

O diabo surge como solução antropológica para a constituição das sociedades. O Ocidente cristão sempre se houve com a personificação do mal na figura do diabo. Ele é, talvez, o personagem mais querido da literatura, da poesia, das artes plásticas e, finalmente, do cinema. O mais retratado, o mais interpretado, o mais dissecado dos ícones do imaginário[3] social cristão. Há abismos na figura do diabo, feitos de fascínio e medo.

O diabo é figura sagrada e, como tal, cercada de interditos e diferenciada das coisas profanas. Há, segundo Émile Durkheim (2000, p. 452), "duas espécies de sagrado, um fasto, o outro nefasto". O diabo é o sagrado nefasto, potência má e impura, razão das doenças, da morte, dos malefícios, do sofrimento, dos atentados à ordem social hegemônica. O divino e o diabólico são os dois polos, contrários e antagônicos, em torno dos quais gravita toda a vida religiosa (DURKHEIM, 2000, p. 450).

O diabo tem muitos nomes: Satanás, Belzebu, Moloque (dos Amonitas), Quemós dos Moabitas, Baal (os machos), Ataró (as fêmeas), Astorete (Astarté entre os fenícios), Tamuz (do Líbano), Dagon, Rimon (da Síria), Osíris, Ísis, Hórus (egípcios), Belial, Azazel, Mammon, Mulciber (MILTON, 2016, p. 69ss). Ou ainda: O Arrenegado, o Cão, o Cramulhão, o Indivíduo, o Galhardo, o Pé-de-Pato, o Sujo, o Homem, o Tisnado, o Coxo, o Temba, o Azarape, o Coisa-Ruim, o Mafarro, o Pé-Preto, o Canho, o Duba-Dubá, o Rapaz, o Tristonho, o Não-sei-que-diga, O-que-nunca-se-ri, o Sem-Gracejos (ROSA, p. 35). Capeta, Tinhoso, Capiroto, Pé-de-Bode, Sete Peles, Cabrunco, Guaxumão, Sujeito,

---

[3] O imaginário é um conjunto de representações partilhadas por um determinado grupo e que fundamenta um *habitus*. Para o conceito de imaginário cf. CASTORIADIS, 1982.

Capa-Verde, Chifrudo, Beiçudo, Besta Fubana, Bicho-Preto, Difamado, Zarapelho, Ranheta, Tição, Danado, Rabudo, Bute, Carocho, Mofento, Malino, Abdel, Astuto, Fute, Mefisto, Cujo, Mocho... Malamém. O diabo tem mais nomes que o próprio Deus, talvez porque, o diabo, sabemos para o que serve.

Dar nomes: isso não é coisa simples nem fácil. Nominar vai além da função designativa ou indicativa. Dar nome a algo ou alguém é assentar a essência do nominado. Dizer o que a coisa é, é conhecer o objeto ou o ser. Deus, quando quis arrumar uma companheira para Adão, criou os animais e os trouxe para que o homem lhes desse um nome "e tudo o que Adão chamou a toda alma vivente, isso foi o seu nome" (Gn 2, 19). E, diz o texto sagrado, que depois de dar nome a todos os animais, ainda assim Adão não encontrou entre eles uma companheira. Ele não achou nada cuja natureza fosse semelhante à sua.

T.S. Elliot, outro poeta que sabia das coisas, escreveu um poema paradigmático intitulado *The naming of cats* (Elliot, 1939):

The naming of cats[4]

A nomeação de gatos é uma questão difícil
Não é apenas um dos seus jogos de férias

---

[4] The Naming of Cats
The Naming of Cats is a difficult matter,/It isn't just one of your holiday games;/ You may think at first I'm as mad as a hatter/ When I tell you, a cat must have three different names./ First of all, there's the name that the family use daily,/ Such as Peter, Augustus, Alonzo, or James,/ Such as Victor or Jonathan, George or Bill Bailey—/ All of them sensible everyday names./ There are fancier names if you think they sound sweeter,/ Some for the gentlemen, some for the dames:/ Such as Plato, Admetus, Electra, Demeter—/ But all of them sensible everyday names,/ But I tell you, a cat needs a name

Você pode pensar no início que eu sou tão louco quanto um
          [chapeleiro
Quando eu te digo que um gato deve ter três nomes diferentes
Em primeiro lugar, há o nome que a família usa diariamente
Como Pedro, Augusto, Alonzo ou Tiago
Como Victor ou Jonathan, George ou Bill Bailey
Todos eles sensatos nomes cotidianos
Existem nomes mais extravagantes se você acha que eles soam
          [mais doces
Alguns para os cavalheiros, alguns para as damas
Como Platão, Admetus, Electra, Demeter
Mas todos eles sensatos nomes cotidianos
Mas eu te digo que um gato precisa de um nome que seja
          [próprio
Um nome peculiar e mais digno
Senão, como ele pode manter a cauda perpendicular
Ou espalhar seus bigodes, ou valorizar seu orgulho?
De nomes deste tipo, posso dar-lhe uma lista
Como Munkustrap, Quaxo ou Coricopat
Como Bombalurina, ou Jellylorum
Nomes que nunca pertencem a mais de um gato
Mas acima e além ainda há um nome sobrando
E esse é o nome que você nunca vai adivinhar

---

that's particular,/ A name that's peculiar, and more dignified,/ Else how can he keep up his tail perpendicular,/ Or spread out his whiskers, or cherish his pride?/ Of names of this kind, I can give you a quorum,/ Such as Munkustrap, Quaxo, or Coricopat,/ Such as Bombalurina, or else Jellylorum—/ Names that never belong to more than one cat./ But above and beyond there's still one name left over,/ And that is the name that you never will guess;/ The name that no human research can discover—/ But the cat himself knows, and will never confess./ When you notice a cat in profound meditation,/ The reason, I tell you, is always the same:/ His mind is engaged in a rapt contemplation/ Of the thought, of the thought, of the thought of his name:/ His ineffable effable/ Effanineffable/ Deep and inscrutable singular name.

CAPÍTULO 2 – OS NOMES DO DIABO

O nome que nenhuma pesquisa humana pode descobrir
Mas o próprio gato sabe, e nunca vai confessar
Quando você nota um gato em profunda meditação
A razão, eu lhe digo, é sempre a mesma
Sua mente está absorta em uma contemplação extasiada
Do pensamento, do pensamento, do pensamento de seu nome
Seu inefável, efável, effaninefável
Nome singular profundo e inescrutável

Tal qual os dos gatos, o nome de Deus é inefável. No abismo desse nome está assentada a natureza "singular, profunda e inescrutável" da divindade. Dizer o nome é invocar a presença do nominado. O nome presentifica o que os olhos não podem ver. Esse é o poder das palavras: elas dão concretude àquilo que chamamos de realidade.

Uma coisa não precisa existir para ser real. É o nome das coisas que nos dizem o que elas são, para o que servem e como devem funcionar. Aquilo para o qual não temos nome é, para todos os efeitos, invisível. Toda a realidade se sustenta "no tênue fio da conversação", para usar as palavras de Peter Berger (BERGER, 1985, p. 30).

É recorrente nos textos bíblicos que, após uma profunda experiência de ordem espiritual, as pessoas mudem de nome: Abrão, ao herdar a promessa divina, tornou-se Abraão. Jacó, após lutar com Deus, tornou-se Israel. Simão se torna Pedro, Saulo se torna Paulo. E nós mesmos receberemos um novo nome na Cidade Santa (Ap 3, 12). Há ordens e congregações religiosas que atribuem outros nomes aos seus membros e, por exemplo, alguém chamado Francisco, depois do noviciado, pode tornar-se Estêvão. Há culturas que dão nomes provisórios às crianças até que, depois de uma cerimônia própria, ele possa receber seu verdadeiro nome.

E há povos nos quais os indivíduos têm mais de um nome, usados em diferentes situações e, entre esses nomes, os de uso exclusivo dos familiares mais próximos.

A tarefa de nominação é, ao mesmo tempo, de dominação. Dar nome é conhecer e, consequentemente, exercer o controle e o domínio sobre a coisa nominada. Porque um nome é mais que um nome. Em uma passagem do Evangelho, quando Jesus quis libertar um homem do poder do demônio, a primeira coisa que ele faz é perguntar pelo seu nome. Sabendo o nome, sabe-se com quem ou com o que se está lutando. Dar nome ao mal que nos atormenta é o primeiro passo para exorcizá-lo.

Mircea Eliade (1998) diz que, nas sociedades arcaicas, a recitação dos mitos ocupa o papel de reatualização das formas originais de como o mundo foi constituído. Os mitos são uma forma de conhecimento que permite a reprodução da vida. Para Eliade, "conhecer a origem de um objeto, de um animal ou planta, equivale a adquirir sobre eles um poder mágico, graças ao qual é possível dominá-los, multiplicá-los ou reproduzi-los à vontade" (Eliade, 1998, p.19). Recitar os mitos é presentificar o momento original em que as coisas vieram a existir tal qual existem e "forçá-las" a desempenhar a sua razão de ser. Sem os mitos não haveria colheita, nem caça, nem pesca e nem a reprodução social.

Da mesma forma, na Bíblia, a recitação das longas genealogias tem a função de situar um indivíduo no contexto de uma comunidade e de assentar o seu lugar, a sua pertença, o seu papel e sua importância. Essa recitação diz quem é a pessoa, porquê ela existe e qual deve ser seu comportamento. As genealogias recitadas constroem os laços de solidariedade entre indivíduos dando a eles um passado e um destino comuns. Elas fundam aquilo que Durkheim chamou de "comunidade moral". Portanto, os nomes desempenham o papel de marcação social que permite construir relações de parentesco em uma determinada ordem garantindo as trocas de bens, a reprodução e a manutenção de estruturas sociais. Nos tempos modernos a linha genealógica garante a legitimidade de pleitos em torno de uma herança ou da coroa de um reino. Genealogia é coisa sagrada. Há um momento na vida de boa parte das pessoas em que elas têm despertado o interesse pela sua própria árvore genealógica como se, numa piracema humana, elas demandassem por suas origens. Os nomes dão testemunho daqueles que os carregam. E eles indicam o nosso lugar nessa árvore que nos faz reconhecer o solo em que estamos plantados. Nomes marcam, portanto, os vínculos entre indivíduos e são pontos nodais de extensas redes de relações.

A ciência moderna não escapa da necessidade de nominação. Por ter pretensões universais, a ciência desenvolveu um jeito próprio de nominar os seres vivos e criou uma disciplina chamada taxonomia, com regras e determinações que permitem reconhecer um ser vivo em qualquer lugar do planeta. Ao atribuir um nome único a uma espécie ela organiza esse campo do conhecimento agrupando e, ao mesmo tempo, discernindo cada indivíduo entre plantas e animais. Agrupar e discriminar permite a classificação, a organização e, por fim, o conhecimento de tudo que nos cerca. Conhecer neste caso, tal qual fazem os mitos, implica em exercer o domínio e o controle do mundo à nossa volta.

Se é válido o argumento em torno do peso dos nomes, chama a nossa atenção a quantidade de nomes atribuídos a um único objeto ou ser. O volume de nominações pode indicar a insignificância do nominado, mas, também, os avatares que ele sofreu ao longo dos tempos. No caso do diabo a quantidade de nomes que ele carrega é denotativa das diferentes maneiras como as sociedades se relacionaram com ele e se houveram com o problema do mal. Um personagem como esse, que nos acompanha há mais de dois mil anos, reflete em si o próprio desenvolvimento do espírito e do pensamento ocidentais. Os mais de setenta nomes do diabo no romance *Grande Sertão: veredas*, de Guimarães Rosa, dão testemunho da presença do Danado no corriqueiro da vida, na sustentação e organização da realidade cotidiana pautada fundamentalmente no tratamento do Mal e da maldade. Com isso, até Jesus concordaria quando alertava os seus discípulos que bastava a cada dia o seu próprio mal (Mt 6, 34). Os dias são maus e se entender com isso é o mister da vida. Felicidade mesmo, "só em horinhas de descuido".

O diabo já não é mais o mesmo. Mudam os tempos, mudam os nomes, muda o Sujeito. O diabo evoluiu no transcorrer dos séculos e ele não é hoje o que já foi na Idade Média ou no início da modernidade e os seus diferentes nomes atestam essas mudanças. Ao compararmos os nomes que John Milton lhe atribui com aqueles presentes na cultura e no imaginário popular brasileiro, percebemos que por trás da diferença nominativa está também a diferença na forma como o diabo se faz presente e interage com as pessoas. Na cultura popular, diferentemente do que ocorria por volta dos séculos XVI ou XVII, o diabo é tratado com a mesma sem-cerimônia dedicada àqueles que foram destituídos da majestade e estranhamento, próprios dos seres investidos de poder e autoridade. Entre Belzebu e o Cramulhão há um rebaixamento no trato da coisa. Com esse mesmo rebaixamento o diabo é tratado nos cultos pentecostais. É possível pensarmos, por outro lado, que a forma de tratamento das coisas sagradas esteja relacionada às posições de classe. O campo erudito tenderia a um tratamento mais formal e distanciado, com um viés racionalizante, das coisas santas. O campo popular da religiosidade, se assumirmos como válida a tese, desenvolve um comportamento mágico, mais incorporado às rotinas diárias e às lides da vida comum (WEBER, 1999, p. 322).

O trato popular do diabo tende a reduzi-lo com nomes jocosos ou diminutivos e as histórias populares, presentes na literatura de cordel, por exemplo, tentam mostrá-lo como tolo e ingênuo. Essa forma de tratamento visa a domesticação do terror diante de uma realidade sobre a qual se tem pouco ou nenhum controle. Os nomes, neste caso, funcionam como antídotos diante daquilo que causa o medo. Nomes menos populares, presentes na teologia da Baixa Idade Média ou em tradições gnósticas como, por exemplo, Abbaton, Asmodeus, Tryfon e Satanael, tendem a distanciar o diabo do homem comum e circunscrevê-lo ao campo erudito da religiosidade. Esse tratamento distanciado do diabo rouba ao homem comum as suas chances de lidar com o "mal de cada dia" e deixa-o dependente das ações sacramentais exclusivas do clero.

Portanto, o nome das coisas e dentre essas coisas, o nome do diabo, é o que torna perceptível isso que chamamos de mundo real. O diabo é real porque nós demos nome a ele. Muitos nomes. A linguagem é uma estrutura ao mesmo tempo estruturante e estruturada e o domínio da linguagem, seus sentidos e significados, implica na dominação do mundo. Por trás das diferenças nominativas do diabo, entre o campo erudito e o campo popular da religiosidade, subjaz, de maneira latente, oculta e surda a disputa de poder na operação da vida.

Capítulo 3
Encantamentos e Desencantamentos

A leitura encantada do mundo é um jeito de olhar a realidade. O pensamento religioso é uma estrutura de linguagem que organiza nossa perspectiva das coisas a partir de uma realidade que vai além daquilo que é alcançado pelos sentidos. Essa forma de ler o mundo pervade todas as esferas de vida e conforma a ação e o comportamento da maioria das pessoas. Segundo esse tipo de pensamento, os seres divinos transitam entre nós e interferem em nosso cotidiano. E mais, é possível interagir com eles para que essa interferência seja favorável a nós ou prejudicial aos nossos desafetos. O mundo encantado é habitado por seres e coisas que não se confundem com os seres e as coisas do nosso cotidiano.

A percepção encantada do mundo foi, no Ocidente, a base sobre a qual a cultura, a política e a própria vida material se erigiram e vigeram até quase o final do século XVIII. Para facilitar vamos chamar de *pensamento mágico* essa forma de perceber o mundo. É um jeito de pensar que encampa as ideias de religião, magia e encantamento.

Houve época em que sociólogos e antropólogos tentavam fazer alguma diferença entre religião e magia. Hoje se percebe que esse tipo de distinção era informado pela hegemonia política do cristianismo no campo religioso. Era uma forma preconceituosa de evitar que o cristianismo fosse visto no mesmo diapasão das religiões dos povos chamados de primitivos. Essa distinção entre religião e magia estava na base da lógica que informou a primeira Constituição republicana que instaurou o Estado Laico no Brasil em 1891 (GIUMBELLI, 2008). Para os legisladores da época o cristianismo foi tomado como o padrão do que é religião e tudo o que fugia a esse padrão foi classificado como superstição, magia e feitiçaria. Nessa categoria foram enquadrados os cultos de matriz africana e o espiritismo. Em consequência, as religiões cristãs foram tratadas no Código Civil e as demais no Código Penal, abrindo, assim, as portas para todo tipo de perseguição e discriminação por parte das autoridades civis e eclesiásticas.

Para Durkheim, a diferença entre religião e magia se dava pela criação da "comunidade moral", isto é, um grupo de pessoas que possuía vínculos entre si, um mesmo passado, uma mesma maneira de interpretar a realidade, um mesmo destino compartilhado. A magia, diferentemente da religião, não era capaz de criar uma comunidade moral. Para Weber o divisor entre uma e outra forma de crença era a racionalidade. A religião era uma crença racional e submetida às formas burocratizadas do exercício do poder, mas a magia não. Para Bourdieu a religião oferecia uma legitimação para a posição de classe ocupada pelo indivíduo na estrutura social, coisa que a magia não seria capaz de fazer.

Todas essas formas de distinção entre religião e magia partem de critérios externos à própria religião praticada. Na comparação entre elas se buscou um elemento, de caráter sociológico, com o qual os sistemas de crenças pudessem ser classificados. Porém, pela análise interna de cada crença, não é possível fazer esse tipo de distinção. No fundo, é uma questão política, de exercício de poder, que permite classificar um comportamento como sendo mágico e outro como religioso, no entanto, ambos se fiam na ideia de que subjaz à realidade a presença de uma energia ou de seres que tudo comandam.

Para que o pensamento mágico aconteça, há que se pressupor três condições necessárias. A primeira é acreditar que existam dois mundos distintos: um mundo onde habitam os seres divinos, o *mundo-de-lá* onde vivem os deuses, os demônios, os orixás, as fadas, as almas, os espíritos, os anjos ou, de maneira mais impessoal, a força ou energia que rege o universo. Por outro lado, há o *mundo-de-cá*, onde habitamos nós, os seres humanos, onde vivemos e morremos, onde nos casamos, onde efetuamos as trocas comerciais, onde sofremos e nos alegramos. Há, pois, para o pensamento mágico, dois mundos ou duas realidades, uma visível, observável e outra invisível.

A segunda condição é que se creia que o mundo real, onde as coisas são de fato decididas, onde nossos destinos são traçados, onde está a origem e o fim de tudo, não é este nosso mundo, o *mundo-de-cá*, mas antes, o *mundo-de-lá*. É aquele mundo que importa, é lá que as decisões sobre o bem e o mal, o nosso bem e o nosso mal, são tomadas. Tudo o que acontece neste mundo, tudo o que acontece conosco, foi decidido anteriormente pelos deuses ou pelos demônios. Nós somos apenas o reflexo e a consequência das decisões tomadas no *mundo-de-lá*.

A terceira condição para que haja o pensamento mágico é a crença na possibilidade de comunicação entre o *mundo-de-lá* e o *mundo-de-cá*. Crer que é possível influenciar e mesmo alterar as decisões que são tomadas pelos deuses, demônios, anjos, orixás ou quem mais habite naquele lado. É possível fazer um sacrifício, uma promessa, um ebó, um gesto, uma palavra capaz de orientar as decisões que a turma de lá vai tomar ou de pôr a energia, a força que tudo rege, em harmonia com nosso espírito e nossos desejos. Esse pensamento mágico não é exclusivo das religiões, mas está disseminado nos livros de autoajuda, nas fórmulas de sucesso financeiro e empresarial, nas propostas de dietas emagrecedoras. A magia faz parte do cotidiano das pessoas.

Sobre a terceira condição há aqueles que acreditam que podem estabelecer a comunicação direta, sem mediação, com os seres do lado de lá e há aqueles que acreditam que há necessidade de especialistas para fazer essa comunicação. Os especialistas são os sacerdotes, os padres, os pastores, os pais de santo, os médiuns, os xamãs, os feiticeiros, as benzedeiras. Quase sempre os especialistas vão defender a ideia de que qualquer comunicação ou ação sobre o *mundo-de-lá* deve ser mediada por eles. Os leigos, dizem eles, não têm o conhecimento ou a unção necessária para entrar em contato com aquela turma e serem ouvidos. Os especialistas vão tentar monopolizar todos os canais de mediação e comunicação com os deuses. Os especialistas também vão disputar entre si na busca pelo monopólio dessa comunicação. Eles lutam entre si para ver a quem os deuses ouvem, quem tem mais poder, quem tem a autoridade religiosa e civil para oferecer os seus serviços de mediação ou, por outro lado, quem é o charlatão, quem deve ser alijado do campo religioso, quem são os inimigos e quem são os aliados. Quem irá para a cadeia e quem morrerá à míngua, sem clientes e sem fiéis. A emergência desses especialistas significa necessariamente a constituição de uma classe de fiéis chamada de leigos. A expropriação do leigo da possibilidade de ele criar seus próprios caminhos de interação com os deuses é tão mais legítima quanto mais esse leigo desconhece a expropriação enquanto tal (BOURDIEU, 1982, p. 39).

Todo tipo de pensamento mágico é uma forma de alienação. Ele transfere para outra esfera, para o outro mundo, para os seres divinos, fastos ou nefastos, a responsabilidade por tudo quanto sucede às pessoas. Aos humanos compete apenas satisfazer e agradar esses seres ou pôr-se em harmonia com a força que rege os mundos.

É importante que se diga que, para o pensamento mágico, tanto o *mundo-de-lá* quanto o *mundo-de-cá* estão imbricados e de modo algum constituem duas realidades estanques. São permeáveis e mutuamente influenciáveis. Os seres de lá transitam no *mundo-de-cá* e agem por aqui. Por outro lado, a turma daqui é pródiga em criar formas e mecanismos de manter contato e influência com a turma de lá.

A experiência de um mundo desencantado, desmagificado, dessacralizado é relativamente recente e coincide com a emergência da modernidade ocidental. As forças demoníacas, representadas pelo diabo *et caterva*, surgem em algum momento da nossa história, tem seu desenvolvimento no nosso imaginário e, para alguns setores da sociedade, teve também um fim. A história do diabo se confunde com a própria história daquilo que chamamos de Ocidente em seus aspectos culturais, sua ciência, sua arte, seus ordenamentos políticos e, claro, sua religião. O diabo é habitante desse mundo mágico e, à medida que o Ocidente se moderniza, ele perde consistência como força mítica estruturante da vida.

O diabo, Lúcifer ou Satã, inicia seu protagonismo na cena religiosa e teológica apenas por volta do século XII ou XIII. "O diabo mostrou-se discreto durante o primeiro milênio cristão" (MUCHEMBLED, 2001, p. 19). Até o final do século X ou XI, embora as figurações do Mal sempre estivessem presentes, a teologia cristã ainda não havia desenvolvido uma reflexão sistemática (e obsessiva, diga-se) a respeito do diabo. Ela ainda procurava dar conta da diversidade de deuses locais adorados pelos povos conquistados. A cultura popular e iletrada da Alta Idade Média oscilava entre ver o diabo como um ser terrificante e um pobre coitado. A imagem do diabo como uma espécie de imperador das regiões inferiores, um senhor das hostes promotoras do mal e da malignidade, essa figura soberana, foi produto do amalgamento de diferentes tradições religiosas, bíblicas e pagãs (RUSSEL, 2003, p. 59). Em meio às dores do parto de uma nova ordem social, à medida que as estruturas econômicas, sociais, políticas e religiosas da Idade Média iniciam o seu declínio e perda de plausibilidade, esse personagem maléfico adquire força e protagonismo no Ocidente cristão.

Sobrevivências de cultos e crenças populares pré-cristãs fizeram (e ainda fazem) parte da teologia que conformou o Ocidente. Festas de antigas divindades foram reinterpretadas para o contexto cristão.

> O culto popular da Mãe de Deus, em Nápoles, procede certamente do culto de Vesta e de Ceres, do mesmo modo que em Roma o templo de Vesta foi convertido em igreja da *Madona do Sol*. Romarias, quermesses e festas em toda a

Europa guardam vestígios anteriores ao estabelecimento do cristianismo, como o fogo de São João, que se reporta ao antigo solstício de verão (NOGUEIRA, 1986, p. 27)

A canibalização das crenças e práticas religiosas populares por parte do cristianismo foi parte da estratégia de conquista dos povos, promovida pela igreja investida de poder imperial. Isso aconteceu em relação aos deuses que foram travestidos ora com as roupas dos santos, ora com a pele dos demônios. A teoria demonológica que prevaleceu na igreja pode ser, em parte, replicada em descrições sobre os reinos inferiores, como o Hades, encontradas na literatura clássica. O que o cristianismo não conseguiu assimilar positivamente, acabou por compor o mundo das coisas a serem evitadas, o reino do mal. Foram mais de mil anos necessários para que o diabo começasse a ganhar alguma consistência na Europa cristã. Um longo caminho de assimilação e rejeição da cultura popular entranhada na alma de homens e mulheres.

O Mal, até fins do primeiro milênio, ou até o advento das Cruzadas, não estava concentrado em um único personagem e seus auxiliares. A Europa era fragmentada demais e, de forma alguma, em nenhum sentido, percebia qualquer senso de unidade. Essa falta de unidade se refletia nas doutrinas e crenças em circulação e a construção do diabo é paradigmática dessa situação complexa onde inúmeras crenças conviviam nos diferentes universos sociais. Não deve ter sido uma tarefa fácil a busca de uma unidade de crença sobre o Mal e sua natureza. Um processo contraditório, de avanços e recuos, rupturas e permanências, com diferentes configurações. Na Idade Média, os processos imaginários não eram homogêneos. Grandes contingentes populacionais, espalhados por extensos territórios, em uma época na qual as comunicações e as trocas culturais eram lentas, fragmentadas e de baixa densidade, faziam com que diferentes compreensões e ideias sobre o diabo convivessem em mutualidade. Podemos, no entanto, afirmar com alguma margem de segurança, que a partir do século XI, características não humanas da figura do demônio começam a ganhar certa hegemonia no meio da população embora ainda sobrevivam, por essa época, representações de anjos caídos que guardam proximidade com a figura do homem. Inicia-se nesse período um processo de sistematização dogmática da figura do diabo que tenta reunir em uma síntese tanto a teologia quanto as representações do imaginário social do período e ao mesmo tempo que venha em socorro das necessidades políticas de uma ordem medieval que começava a esboroar-se. A extensa iconografia do diabo dá testemunho da luta teológica e política, violenta não poucas vezes, que faz emergir aos poucos a figura de um senhor terrível, que subjuga os homens e mulheres na maldade. A imagem soberana, senhorial e majestática, inumana mesmo, do diabo, emerge lentamente no processo de consolidação do poder papal e da figura do rei autocrático como torreões de fortaleza capazes de resistir a um deus da maldade cada vez mais poderoso e antagonista da paz e da ordem.

A contribuir com a construção dessa imagem senhorial de Satã estava a cultura erudita germinada nos mosteiros e entre os teólogos cristãos. Do outro lado, estava a cultura popular eivada de superstições e paganismo, na qual o diabo era pouco mais que um pobre coitado e do qual, inclusive, podia-se obter alguns favores. Portanto, essa imagem do diabo como uma espécie de divindade opositora e antagonista do próprio Deus, deve-se muito mais à produção de teólogos, monges, e outras figuras do clero do que à intuição e às práticas religiosas populares. A fome, as pestes e o lento desmonte do sistema feudal cooperaram para que o diabo assumisse suas características inumanas a partir do século XI.

No campo das artes, pictórica, escultórica ou literária, a tentativa de traçar um desenvolvimento cronológico da imagem do diabo dificilmente renderá bons frutos. Há contradições e permanências em diferentes formas de representá-lo, que se superpõem sem nenhum critério claro e apreensível. Desde o século VI até o século XI, quase sempre ele foi retratado com aparência humana (RUSSEL, 2003, p. 124). A arte bizantina manteve essa perspectiva. No Ocidente, a partir do ano 1000, o diabo começa a ser representado com aparência grotesca e monstruosa, entre o humano e o animal.

> No século XI o Satanás é normalmente humano ou humanoide; a partir do XI é mais provável que ele seja animal ou um monstro humano-animal; a partir do século XIV ele fica crescentemente grotesco. (...) O duende pequeno e preto, do começo da Idade Média, persiste, mas gradualmente dá lugar ao diabo grotesco (RUSSEL, 2003, p. 203).

Por cerca de 700 anos o diabo se criou e se desenvolveu no sentido de se tornar a razão negativa para o fortalecimento dos poderes seculares e religiosos do mundo-de-cá. Ele foi a motivação para a luta sem tréguas e sem quartel contra todas as forças que representassem um desafio à ordem feudal em processo de deterioração gradual, mas incontornável. Quanto maior fosse o sentimento da crise que se instaurava, maior se tornavam as forças de repressão e a violência em nome de Deus. As guerras de conquista e, na Era Moderna, a caça às bruxas são os estertores de uma ordem que já não encontra mais as bases materiais para sua sustentação. O diabo foi a grande justificativa, no campo das ideias e do imaginário, para a violência instaurada naqueles tempos de transição. Por seu lado, como estratégia de luta no campo do espírito, competia à nova classe emergente impor uma forma racionalizada de ordenamento político, econômico, cultural e, certamente, na interpretação religiosa do mundo. Contra o diabo e tudo aquilo que ele representava, a classe burguesa definiu as suas trincheiras de luta nessas esferas da vida.

O mundo encantado, sustentado na força do pensamento mágico, encontra os seus limites na necessidade de controle racional de processos produtivos e nas formas de exercício do poder. A forma burguesa de vida reduziu drasticamente o espaço para esse tipo de pensamento abrindo o campo para novas ideologias passíveis de serem geridas de maneira previsível e controlada. Tanto a democracia e o liberalismo no campo político quanto a religião reduzida a uma ética mundana no campo da espiritualidade, respondem à demanda dessa nova ordem. Nela não há lugar nem para o diabo e nem para Deus. Morrem, pois, um no século XVIII e outro no século XIX.

Capítulo 4
As Bruxas

Há quem pense que a trágica história da caça às bruxas foi coisa da Idade Média por causa do imaginário a respeito desse período que costuma associá-lo a um tempo de obscurantismo, anticientificismo e domínio dos dogmas religiosos. Na verdade, a caça às bruxas aconteceu no período de transição entre a Idade Média e a Era Moderna conhecido como Renascença. Um tempo de grandes descobertas, grandes mudanças culturais e estéticas, mas também de grandes medos. E o diabo foi o catalizador de todos os receios e inseguranças que as grandes mudanças provocam.

A Idade Média não se entregou sem luta. De todas as maneiras, a ordem vigente centrada no poder da Igreja e das monarquias absolutistas resistiu às investidas da então classe emergente, a burguesia, com sua nova visão de mundo, sua ciência experimental, suas propostas inovadoras de organização política, sua forma plebeia de ordenamento social, sua estética maneirista e, obviamente, suas concepções de religião. O medo e a luta contra o diabo foram uma espécie de resistência, ou estertor, de um mundo que se esfarelava. Esse medo tomou conta de todas as classes sociais, de teólogos católicos e protestantes, de intelectuais e artistas, de nobres e plebeus. O mesmo medo que acomete as sociedades que vivem o choque entre um mundo novo que se descortina e a tradição que deseja se manter. Essa é uma situação que muitos gostam de chamar de crise, que se espraia pelos campos da moral, da política, da estética, da ciência e da fé. A ferocidade da resistência foi proporcional à força do novo que se impunha.

Desde a disseminação da Peste Bubônica em meados do século XIV, até as guerras religiosas do início do século XVII, a Europa se constituiu em território do medo e de algo que o precedeu, a angústia. A nominação do medo tornou-se quase que obrigatória para a sobrevivência daquela região conflagrada e aterrorizada. E o diabo veio bem a calhar. Teólogos e sacerdotes, de pronto viram em Satã a origem e a causa de todos os infortúnios: fizeram "o inventário dos males que ele é capaz de provocar e a lista de seus agentes: os turcos, os judeus, os heréticos, as mulheres (especialmente as feiticeiras)" (DELUMEAU, p. 44). Sem a possibilidade de identificar as razões do medo, a subjetividade das pessoas e das coletividades cinde e inviabiliza a vida. Em face de uma angústia indefinível e abrangente que de tudo toma conta, o *self* individual e social se estilhaça. Medo e angústia não são sinônimos. O medo é uma emoção que mobiliza e provoca o sujeito à ação. Ele coloca o corpo em estado de alerta e pronto para reagir em face ao perigo. O medo vem da tomada de consciência diante de situações que ameaçam a sobrevivência do indivíduo ou do grupo. O medo pode causar reações orgânicas contrárias em diferentes pessoas:

CAPÍTULO 4 – AS BRUXAS

taquicardia ou bradicardia, dilatação ou contração dos vasos sanguíneos, sudorese ou adiaforese, diarreia ou constipação, pode paralisar, mas também pode, ao contrário, excitar. O medo surge diante do perigo visível e palpável. É uma reação de defesa e se expressa quase sempre de forma orgânica na fisiologia das pessoas. O medo libera adrenalina e coloca o sujeito em prontidão para reagir. A angústia, por sua vez, é o medo difuso, não nomeado, indistinguível em meio às agressões cotidianas.

> O temor, o espanto, o pavor, o terror dizem mais respeito ao medo; a inquietação, a ansiedade, a melancolia, à angústia. O primeiro refere-se ao conhecido; a segunda, ao desconhecido. O medo tem um objeto determinado ao qual se pode fazer frente. A angústia não o tem e é vivida como uma espera dolorosa diante de um perigo tanto mais temível quanto menos claramente identificado: é um sentimento global de insegurança (DELUMEAU, p. 33)

A angústia pode ser mais destrutiva que o medo e torna-se mais difícil de ser enfrentada quanto mais indefinível ela é. A angústia pode destruir civilizações e pode pôr uma nação a perder quando vivida coletivamente. A Igreja, seus pastores e teólogos, se impuseram a tarefa de encontrar um objeto para aquela angústia que se espraiava pelo tecido social. Era necessário transformá-la em medo passível de ser administrado e o nome do medo era Satã. A tarefa agora era explicitar as diferentes maneiras com as quais Satã se disfarçava, era apontar os agentes e instrumentos que o presentificavam. Essa investigação das formas como o diabo agia se voltou para duas direções (DELUMEAU, 2009, p. 44). De um lado os alvos já sabidos e conhecidos: os hereges, as feiticeiras, os judeus. De outro lado, de forma mais insidiosa e obsedante, a subjetividade de cada cristão. Essa segunda indexação obrigava a todos e a cada um em particular a um exercício constante de introspecção e autoanálise para não permitir que uma palavra ou um gesto qualquer pudesse ser interpretado como uma manifestação do demônio. Diz ainda Delumeau (2009, p. 45): "Ter medo de si era, afinal, ter medo de Satã [...]. Os conselheiros espirituais do Ocidente, empregando uma terapia de choque, esforçaram-se em substituir por medos teológicos a pesada angústia coletiva resultante de estresses acumulados". Essa substituição, vitoriosa e eficaz, teve por efeito a identificação do inimigo a ser combatido e, para além disso, concentrou nas mãos da Igreja a gestão do combate e garantiu a legitimidade da violência.

Em um sentido delimitado, o diabo atuou como força civilizatória ao pôr sob escrutínio as motivações e intenções para a ação de pessoas e povos. O medo do diabo foi combatido com o terror da Inquisição. Vemos aqui a violência como uma reação. Ela surge quando a angústia adquire um nome e um alvo, quando a angústia é transformada em medo. Esse argumento é importante neste contexto de raciocínio porque estamos falando da violência como uma técnica de gestão. A violência, neste caso, não é apenas um ato apaixonado e explosivo, mas um instrumento de uso calculado, regular, metódico, normalizado, sistemático. A violência não é um último recurso, mas, antes, o recurso excelente e primeiro nas disputas das novas formas de governo que emergiam na modernidade.

Esse campo de disputa civilizatória era composto, de um lado, por aquilo que Foucault chamou apropriadamente de "poder pastoral" (FOUCAULT, 2008), isto é, "um tipo de poder bem específico que se dá por objeto a conduta dos homens" (p. 256), ou seja, o governo das almas cuja razão de existir estava centrada na economia da salvação. De outro lado temos o governo político que é também um poder bem específico, é também um governo sobre a conduta dos homens, mas em bases não pastorais, em bases não teleológicas. O governo político se constitui na arte de manter, manipular, distribuir e restabelecer relações de força. O governo político é o que Foucault chama de "a arte de governar" e que dá ao soberano a sua especificidade, o seu algo a mais que o diferencia do poder pastoral. "Em outras palavras, a arte de governar se desenrola num campo relacional de forças. E é isso, a meu ver, o grande limiar de modernidade dessa arte de governar" (FOUCAULT, 2008, p. 420).

São, portanto, duas forças, nos séculos XVI e XVII, na disputa que conformou o Estado Moderno e a própria modernidade. E a violência trágica que se abateu sobre judeus, hereges e mulheres foi uma peça desse tabuleiro político e cultural. Tabuleiro esse, desenhado e circunscrito pelo medo.

A sociedade do Velho Mundo vivia, pois, um momento de incertezas, instabilidades e medo advindos da divisão da cristandade provocada pela Reforma Protestante, da descoberta de povos até então desconhecidos, dos avanços da ciência que encontravam novas formas de conhecimentos autônomos em relação à religião, do exercício do poder instituído em bases não teológicas e da incipiente emergência de uma nova classe social desejosa de partilhar esse mesmo poder. Muchembled (2001, p. 143) chama esse grande movimento histórico que tomou conta da Europa nos séculos XVI e XVII de "vaga diabólica". É nesse ambiente conflagrado que a Europa construía sua identidade.

Medo dos judeus, medo dos hereges, medo das mulheres, medo, enfim, do diabo. Em uma civilização de bases patriarcais a mulher foi uma das principais vítimas da reação contra o diabo e seu *modus operandi*. Combater as bruxas não foi apenas uma reação em face ao medo, mas também foi um ato proativo na disputa pelo governo das almas que se instituiu contra o pano de fundo das disputas entre o governo político e o poder pastoral.

Um livro que circulava com grande aceitação entre o clero inquisidor do século XV era o *Malleus Maleficarum*, ou O Martelo da Feiticeiras, em português (KRAMER e SPRENGER, 2021). O livro, escrito em 1484, além de ter se tornado o manual dos inquisidores, presente em todo tribunal orientado para a caça às bruxas, é um verdadeiro tratado de misoginia. A ginofobia que dominava os padres, monges e teólogos durante a Renascença se expressa em quase todas as 700 páginas desse enorme tratado. Para os dois autores, obsedados pelo medo, a mulher serviu a contento para fazer convergir nela toda a luta e resistência contra o diabo. A mulher era, em sua natureza, subordinada ao desejo carnal e era preciso cercar-se de todo cuidado para não se deixar enredar pelas suas artimanhas voluptuosas. Ela era vista como sendo mais supersticiosa que o homem por ser mais crédula e, portanto, mais disponível às tentações oferecidas por Satanás que encontrava nelas o caminho mais fácil para corromper a fé. Diz ainda que as mulheres são, por natureza, mais impressionáveis e mais propensas a receberem a influência dos espíritos desencarnados e quando utilizam essa propensão para o mal "tornam-se absolutamente malignas" (p. 157).

CAPÍTULO 4 – AS BRUXAS

Além disso, as mulheres

> Possuidoras de língua traiçoeira, não se abstêm de contar às suas amigas tudo o que aprendem através das artes do mal; e, por serem fracas, encontram modo fácil e secreto de se justificarem através da bruxaria. (KRAMER e SPRENGER, 2021, p. 157)

Os autores desse livro ainda afirmavam que as mulheres eram intelectualmente deficitárias e bem diferente dos homens e a razão disso, segundo Kramer e Sprenger, era que

> A mulher é mais carnal do que o homem, o que se evidencia pelas suas muitas abominações carnais. E convém observar que houve uma falha na formação da primeira mulher, por ter sido ela criada a partir de uma costela recurva, ou seja, uma costela do peito, cuja curvatura é, por assim dizer, contrária à retidão do homem. E como, em virtude dessa falha, a mulher é animal imperfeito, sempre decepciona e mente (KRAMER e SPRENGER, 2021, p. 158)

O desejo de controle do medo generalizado era tanto que impedia os leitores do *Malleus* de verem nesse argumento uma grande heresia ao afirmar que Deus fora capaz de uma obra imperfeita. A argumentação se desenvolve num crescendo que chega à beira do ridículo quando afirma que a etimologia da palavra *femina* (mulher em latim) vem de *fe* e de *minus*, ou seja, uma pessoa de fé menor, insuficiente e imperfeita "por ser a mulher sempre mais fraca em manter e em preservar a sua fé" (p. 159).

O processo de culpabilização das mulheres, de objetivação da ação demoníaca no corpo feminino não poderia acontecer sem a construção anterior de um novo lugar e um novo imaginário sobre o sexo. Em uma sociedade patriarcal, quando o sexo e a sexualidade passam a ser alvos de normalizações, a mulher, o corpo da mulher especificamente, passa a ser o foco preferencial das ações normativas. A obtenção da obediência aos poderes instituídos e as novas formas de trabalho necessitavam de corpos dóceis e era preciso educar os sujeitos para o controle das paixões. A culpa e a introspecção, o escrutínio da própria alma e a confissão passaram a compor não apenas a vida religiosa, mas também e principalmente o sistema de controle social. Os processos de purga precisavam se tornar espetáculos públicos para que os seus efeitos pudessem ser mais profundos e disseminados.

Resta ainda pensarmos sobre as razões pelas quais as mulheres acabaram se tornando os alvos prioritários nesse movimento purgatório das forças demoníacas. Há algumas possibilidades teóricas de entendimento dessa escolha ter recaído sobre a mulher. Segundo Silvia Federici "a caça às bruxas buscou destruir o controle que as mulheres haviam exercido sobre sua função reprodutiva e serviu para preparar o terreno para o desenvolvimento de um regime patriarcal mais opressor" (FEDERICI, 2017, p. 30). A abordagem de Federici tem o grande mérito de ver o corpo da mulher como uma categoria política e de apontar como "os corpos das mulheres constituíram os principais objetivos – lugares privilegiados – para a implantação das técnicas de poder e das relações de poder" (p. 32). Essa é uma perspectiva sociológica irrecusável.

Delumeau (2009) aponta o longo trabalho, durante a Idade Média, de construção da imagem da mulher como um ser de segunda classe, hostilizada na literatura e identificada com o mal na iconografia. O cuidado historiográfico

CAPÍTULO 4 – AS BRUXAS | 55

de Delumeau aponta para o fato de que, no início desse período, a mulher se torna uma obsessão de pregadores e teólogos. Para ele a razão dessa mentalidade obsessiva estava na repressão da libido que retorna na forma de agressividade (DELUMEAU, 2009, p. 477). Ela, a mulher, vem sendo retratada desde o século XIII como um ser inferior ao homem. Tomás de Aquino adota a ideia de que a mulher, por suas imperfeições de caráter, estava mais suscetível de ceder às tentações do diabo, como vinha acontecendo desde os tempos do Jardim do Éden. Mesmo na tarefa de reprodução o papel ativo e gerador cabia ao homem sendo a mulher apenas o receptáculo nesse processo. A mulher, na verdade, não era um outro sexo, mas apenas um macho imperfeito. Para Delumeau, o que estava em curso era a produção do medo da mulher e que acabou nos séculos XVI e XVII a desaguar na perseguição que teve as feiticeiras como mote para o enquadramento dos corpos femininos.

As abordagens de Federici e de Delumeau se complementam quando a questão é compreender as razões da perseguição às mulheres. E por trás, a dar suporte para essas razões, estava o imaginário do diabo construído nos últimos 300 anos. O *Malleus* teve o duvidoso atributo de juntar o imaginário negativo sobre a mulher com a crescente presença do diabo em todos os círculos intelectuais da época. Uma convergência maligna, diabólica, que explodiu sobre o corpo das mulheres.

A Europa, no início da Era Moderna, em torno do século XVI, não existia da mesma forma como nós a entendemos atualmente. Ela mal podia ser considerada como uma unidade territorial e cultural. "O diabo teve, no final das contas, certos efeitos benéficos, pois participou do esforço identitário do continente" (MUCHEMBLED, 2001, p. 146).

A identidade cultural do Ocidente passava pelas transformações do modo de produção que o capitalismo incipiente impunha. A racionalidade na produção exigia que os corpos fossem vistos não mais sob a aura da sacralidade, mas agora, apenas como força de trabalho. Para desespero das forças produtivas, a energia necessária para a produção estava indissociavelmente ligada aos corpos dos trabalhadores. Nesse tempo de transição, não havia mais pessoas, mas apenas corpos detentores da força que a produção exigia. No contexto dessa forma de ver os corpos, a sexualidade não passível de enquadramento produtivo era demonizada. E as mulheres, por libidinosas, se tornaram o alvo primeiro da exigência de corpos dóceis para a produção.

> A caça às bruxas não só condenou a sexualidade feminina como fonte de todo o mal, mas também representou o principal veículo para levar a cabo uma ampla reestruturação da vida sexual, que, ajustada à nova disciplina capitalista do trabalho, criminalizava qualquer atividade sexual que ameaçasse a procriação e a transmissão da propriedade dentro da família ou diminuísse o tempo e a energia disponíveis para o trabalho. (FEDERICI, 2017, p. 349)

O diabo mais uma vez é invocado como necessário para dar sentido e justificar a violência que os processos civilizatórios impõem. Sem o medo do diabo, sem essa nominação do mal e da maldade, a angústia advinda da falência do mundo feudal teria tornado inviável o passo adiante que a nova ordem burguesa propunha.

O diabo serviu aos dois polos em disputa: tanto ao regime feudal que se esvaía e que acusava os movimentos de ruptura como demoníacos, quanto ao nascente modo burguês de organizar o mundo que também enxergava o dedo de Satanás no sistema que recusava a deixar o palco para que surgisse uma nova Europa. O diabo se mostrou em todas as situações, para as diferentes forças políticas, sociais e econômicas em disputa como uma arma útil, necessária e adequada. Durante os séculos de transição, o diabo foi grande e forte nas mãos hábeis de quem detinha o poder.

Capítulo 5
A Gestão do Mal

Todos os povos e culturas encontraram sua maneira de lidar com o mal e com a maldade. O mal pode ser compreendido tanto como elemento de uma teodiceia, quanto uma realidade presente no cotidiano e na naturalidade da vida sem se erigir como força antagônica à bondade e à beleza. No cristianismo o mal foi interpretado como elemento componente da cosmogonia que o fundamenta. É no antagonismo entre o Bem e o Mal que a cultura cristã se sustenta. Neste contexto o diabo ocupa lugar de destaque na narrativa fundante do Ocidente e, além disso, ele se mantém como uma necessidade antropológica. Figurar o mal e personificá-lo possibilita operar a maldade e administrá-la.

Para se lidar com os demônios é necessário, antes de tudo, reconhecê-los e chamá-los pelo nome. Há duas maneiras de se entender com o diabo e seus demônios: pelo exorcismo ou pelo pacto. Lida-se com o mal pela recusa ou pela assimilação. Ambas as formas surgem quase ao mesmo tempo na história do cristianismo ocidental, por volta do século XIV. Por esse período o diabo já havia se tornado uma obsessão entre clérigos e teólogos. Ele se tornara um personagem cuja ação, poder e propósito gozava de certa autonomia em relação a Deus. O diabo, por essa época, ganhava liberdade para agir e fazer valer seus intentos. Ao mesmo tempo ele já se tornara também um tema tratado quase que com exclusividade pelos intelectuais e especialistas do clero. Se até pouco tempo o diabo era tratado na cultura popular de maneira informal e sem nenhuma solenidade (MUCHEMBLED, 2001, p. 30), a partir do século XIV pode-se dizer que há um movimento crescente por parte da intelectualidade de monopolizar toda a compreensão e tratamento no que diz respeito a Satanás. De maneira conveniente aos profissionais do sagrado, eles fazem prevalecer neste período a imagem terrificante e soberana das representações do mal, distante, envolta em tabus. Retiram, assim, da alçada popular qualquer outra possibilidade de se lidar com o diabo que não seja aquela chancelada e aprovada pela Igreja. Somente a Igreja reúne as condições necessárias para lutar contra esse grande inimigo. A solenização da figura do diabo faz parte do processo de contração do poder nas mãos do clero e de seus prepostos, reis e príncipes (MUCHEMBLED, 2001, p. 34). Resistir a ele já não era apenas o esforço para se manter nos caminhos da virtude, mas agora tratava-se de uma luta ativa contra um ser que detinha o poder de danação para indivíduos e sociedades inteiras. E nessa luta a Igreja cresce em poder, autoridade e riqueza.

Tanto o exorcismo quanto o pacto com o diabo são formas de se haver com o mal, a dissidência, o desvio, a falta, a carência e os desejos pessoais ou coletivos.

O exorcismo

Embora as práticas exorcistas e o interesse da Igreja Católica em normalizá-las existam desde o início da modernidade, sem falarmos nos textos bíblicos do Novo Testamento, é no final do século XIX que o exorcismo ganha os holofotes. Isso se deve ao fato de que, de alguma forma, a ação dos demônios na subjetividade dos indivíduos coloca em dúvida a própria existência do diabo.

A fragilidade da figuração do mal exclusivamente nesse personagem construído a duras penas desde o século XIII, se acentua a partir do final do século XVIII. Nessa época as fogueiras inquisitoriais, católicas ou protestantes, já não mais ardiam no continente europeu. O diabo como realidade objetiva se esvanecia a ponto de os setores mais intelectualizados da sociedade – acadêmicos, artistas, filósofos e livres-pensadores – virem com profundo desprezo e pouco caso qualquer referência a ele como causa formal ou material dos males que acometiam as nações. Resta ao diabo ocupar o único lugar que lhe sobrou: a subjetividade, a mente, o espírito das pessoas.

Por outro lado, a figura do indivíduo enquanto subjetividade autônoma vem sendo acentuada na cultura ocidental. Novos problemas relacionados à ética e à liberdade se tornam o foco das discussões filosóficas. As formas capitalistas de remuneração da força de trabalho voltadas para a reposição da energia gasta pelo trabalhador, a emergência da indústria da moda que projeta novas formas das pessoas se verem a si e aos outros, o acentuado processo de urbanização com sua respectiva forma de vida, de organização social e conformação dos núcleos familiares, a atenção que os indivíduos passam a dar a si mesmos, à sua saúde física e mental, à sua alimentação, tudo isso e mais, fazem com que as forças do espírito se desloquem para a compreensão desse Novo Homem emergente, citadino, individualizado e voltado para si mesmo. É nesse contexto que o exorcismo surge em suas expressões modernas. Aquilo que pensamos sobre essa maneira de se lidar com o mal é dependente da emergência do indivíduo na cultura ocidental. Surge o indivíduo e o exorcismo vem logo atrás para ajustar as suas pontas soltas e arestas.

O exorcismo não é uma prática universal em todo o campo das igrejas cristãs. Apenas para registro, as igrejas protestantes que emergiram no início da modernidade, em meio à marcha do desencanto, essas igrejas lidam muito mal com a ideia do diabo e em consequência é quase que inexistente a prática de exorcismos entre elas. Há razões sociológicas para isso que remetem à formação das classes sociais que compõem aquelas igrejas e que se ancoram numa racionalidade erigida como *habitus*, que reduz toda a realidade a uma profunda imanência esvaziada do pleroma sagrado medieval (BERGER, 1985, p. 124). Para os protestantes, os da tradição calvinista em especial, mas também para os luteranos e anglicanos, a ação do Satanás visa principalmente enfraquecer ou destruir a verdadeira Igreja de Deus. O diabo nas *Institutas* de João Calvino (CALVINO, 1986, p. 813) é tratado no contexto de sua eclesiologia, ou doutrina sobre a Igreja. Não há em Calvino uma demonologia sistemática. Aliás, Calvino deu pouco espaço ao diabo em seu maior tratado teológico. Não há sombra de qualquer coisa que pudesse ser considerada como possessão demoníaca, não há sugestão de rito que pudesse ser tomado como orientação para exorcismo. A eloquência de Calvino sobre os demônios vem mais pelo seu silêncio do que pelo que fala sobre o assunto.

CAPÍTULO 5 – A GESTÃO DO MAL

No entanto, isso não impediu que também os protestantes entrassem no clima da época que promoveu a trágica caça às bruxas. Creio que seria um estudo interessante, determinar as razões teológicas diferenciais que motivaram, entre católicos e protestantes, a perseguição às mulheres, aos hereges e aos judeus nos séculos XVI e XVII. De qualquer forma, pode-se dizer que o grande medo no início da modernidade foi maior que a razão burguesa que então se apresentava na cena intelectual. Mas, os protestantes que emergiram no século XVIII, após a onda purgatória e persecutória, estavam muito mais identificados com o espírito racional que marcou os séculos seguintes. Nessas igrejas, o diabo passou a ocupar um lugar cada vez mais secundário e menos significativo. Para os protestantes, o exorcismo não é matéria de relevância suficiente para que lhe seja dado um tratamento específico.

Mas o mesmo não acontece com os pentecostais e os católicos. Na Igreja Católica o exorcismo passou por algum grau de racionalização e é normalizado em um Manual oficial e magisterial. Entre as igrejas pentecostais a prática não é normalizada, mas é usual e goza de grande legitimidade.

No exorcismo, conjura-se o mal, ou o demônio, para que ele cesse o tormento infringido a alguém. Segundo se observa em alguns cultos neopentecostais, mas também se deduz do *Ritual de Exorcismos e Outras Súplicas* (CNBB, 2008) da Igreja Católica, o exorcismo é em seus fundamentos um processo de cura e libertação.

O exorcismo em suas várias expressões nas igrejas cristãs não é um ritual de negação da dor e do sofrimento. Não há como negar o inegável – que tragédias acontecem, que a vida fere a alma e o corpo, que os justos sofrem e os perversos progridem – mas trata-se de negar, isso sim, que não haja explicação para tudo isso, negar que a vida é insuportável e que a justiça e o direito sejam uma miragem. O exorcismo é a afirmação de que o mal ocupa um lugar no concerto divino e que, ao final, ele será, de uma vez por todas, derrotado.

O exorcismo na Igreja Católica é regulado e disciplinado por uma interpretação sobre quem é o diabo, o que ele faz, como ele age e como pode ser controlado. Segundo o Ritual, "quando a Igreja exige publicamente e com autoridade, em nome de Jesus Cristo, que uma pessoa ou um objeto sejam protegidos contra a influência do Maligno e subtraídos ao seu domínio, fala-se de exorcismo" (CNBB, 2008, p 15). O batismo é, em si mesmo, uma forma de exorcismo ao subtrair o pagão dos domínios do diabo. Exorcizar demônios é ministério concedido a alguns padres sob licença do bispo local. Diz o Ritual que "no caso de alguma intervenção considerada demoníaca, o exorcista tenha, sobretudo a necessária e máxima circunspeção e prudência" (p. 17). Embora reconheça que haja casos de possessão, eles são raros:

> Em primeiro lugar, não creia facilmente que alguém esteja possesso do demônio, pois pode tratar-se de outra doença, sobretudo psíquica. Do mesmo modo, não acredite absolutamente que haja possessão quando alguém julga que primeiro é especialmente tentado pelo Diabo, desamparado e, por fim, atormentado; pois alguém pode ser enganado pela própria imaginação. (p.17)

O exorcista é instado a agir com prudência e muita cautela. Deve cercar-se de peritos tanto do campo espiritual quanto do campo médico e psiquiátrico. A decisão pelo exorcismo, em última instância é tomada pelo bispo diocesano. E mais, o exorcismo deve ser feito com tal circunspecção de modo a que ninguém possa considerá-lo uma ação mágica ou supersticiosa. Ainda deve-se tomar cuidado para que não se transforme num espetáculo para os presentes e "de forma alguma se dê espaço a qualquer meio de comunicação social e até, antes de fazer o exorcismo e depois de feito, o exorcista e os presentes não divulguem a notícia, observando a necessária discrição" (p. 19). A natureza discreta do rito, em ambos os sentidos da palavra discreta, o pudor e os cuidados que envolvem o exorcismo, indicam que a ação dos demônios não pode ser banalizada nem deve estar disseminada nas ações corriqueiras e cotidianas da vida de uma pessoa.

Aqui já começam a ficar claras as diferenças entre a Igreja Católica e algumas das igrejas neopentecostais, em especial na Igreja Universal do Reino de Deus (IURD) no que diz respeito ao combate às hostes de demônios. Enquanto a primeira vê o ato do exorcismo como algo excepcional, que deve ser tratado com circunspecta discrição, a IURD entende que o exorcismo é o momento maior da liturgia e que deve ser realizado publicamente para maiores efeitos didáticos. Ao contrário da compreensão da Igreja Católica, nessa igreja neopentecostal o exorcismo realizado de forma privada e discreta não faria o menor sentido. O exorcismo é um espetáculo de magia e poder que tem por finalidade legitimar a autoridade do pastor sobre os demônios e, consequentemente, sobre o mal e as maldades.

A ação pública do exorcismo é quando se expõe a forma e o sentido do trabalho do diabo na vida do fiel. Quanto mais público for o exorcismo, quanto maior for o alcance da audiência, mais clara fica a razão do espetáculo. O espetáculo educa, instrui, alerta sobre as formas insidiosas da ação demoníaca. Daí que é preciso entrevistar o diabo, colocá-lo em rede nacional e arrancar dele a confissão sobre o comportamento desviante. É preciso que o ato seja público para que surta o efeito terapêutico. Na conversa, no diálogo com o diabo, na fala e na palavra se estabelecem os marcos regulatórios dos desejos, dos medos, das faltas e dos excessos. A possessão demoníaca é a grande oportunidade de se educar o povo no comportamento desejável ao expor a ação do diabo como a antítese desse desejo.

Para essa igreja o diabo é personagem ubíquo e se manifesta não apenas no comportamento desviante, mas também como causa da dor e do sofrimento. E o espetáculo do exorcismo serve para garantir que o mal tem limites, é administrável e está sob controle.

O ritual do exorcismo católico, por sua vez, merece ainda algumas pontuações. Em primeiro lugar notamos que ele precisa ser realizado no contexto da comunidade à qual pertence a pessoa atormentada. A comunidade participa do ritual, rezando o Pai Nosso, respondendo à Ladainha, recitando o Credo, ouvindo o Evangelho, recebendo a água benta. Excetuando algumas fórmulas litúrgicas e recitativas, ele é a renovação das promessas feitas e ouvidas no rito do batismo no qual também o diabo é objeto de renúncia. Esse aspecto comunitário do rito do exorcismo é o ponto que quero destacar, pois, a meu ver, é onde reside a sua eficácia no livramento da pessoa atormentada.

Clifford Geertz, em seu texto "A religião como sistema cultural" (GEERTZ, 1978, p. 120) fala sobre o rito de cura dos Navajos. Os Navajos têm cerca de sessenta cânticos diferentes para vários propósitos, mas quase todos dedicados à remoção de alguma espécie de doença física ou mental. "Um cântico é uma espécie de psicodrama religioso, no qual há três atores principais: o 'cantor' ou curandeiro, o paciente e, como uma espécie de coro antifonal, a família e os amigos do paciente". Nos cânticos existem três atos principais: uma purificação do paciente e da audiência; uma declaração através de outros cânticos repetitivos e gestos rituais do desejo de restaurar o bem-estar do paciente; e a identificação do paciente com o Povo Sagrado e sua consequente cura. Essa identificação é o clímax da cerimônia e é obtida a partir de gestos simbólicos específicos que fazem uma espécie de osmose espiritual "na qual a doença do homem e o poder da divindade penetram a membrana cerimonial em ambas as direções sendo a primeira neutralizada pela segunda" (p. 120). Para Geertz, enfrentar o sofrimento significa colocá-lo num contexto significativo, fornecendo um modo de ação através do qual ele possa ser dito, possa ser entendido expressamente e, sendo entendido, possa ser suportado. O efeito terapêutico do cântico está em sua capacidade de dar ao paciente um vocabulário, nos termos do qual ele apreende a natureza de sua desgraça e a relata ao mundo.

Levi-Strauss (LEVI-STRAUSS, 1975, p. 228), da mesma forma, ao analisar um ritual de cura xamânica dos Cuna, reconhece que a eficácia do gesto simbólico está na reintegração do paciente ao campo de significados e sentidos que compõem o universo daquele povo. Diz Levi-Strauss:

> A cura consistiria, pois, em tornar pensável – uma situação dada inicialmente em termos afetivos e aceitáveis para o espírito – as dores que o corpo se recusa a tolerar. Que a mitologia do xamã não corresponda a uma realidade objetiva, não tem importância: a doente acredita nela e ela é membro de uma sociedade que acredita.

Não vou me deter aqui, por incompetência, nas relações que Levi-Strauss constrói entre a cura xamânica e a psicanálise. Para tanto, remeto o leitor ao texto "A eficácia simbólica" do referido autor. No entanto, chamo a atenção para a ideia de que o exorcismo, segundo o Ritual da Igreja Católica, é fundamentalmente um processo de cura à semelhança dos ritos executados pelo xamã. Curiosamente, os três rituais de cura, no exorcismo, no rito xamânico e na psicanálise, a eficácia da cura se inicia ao chamar o demônio pelo seu nome.

O exorcismo é, pois, uma maneira de se lidar com o mal, com a dor e o sofrimento visando superá-los. A cura pelo exorcismo, pelo que entendemos do ritual católico, é antes de tudo um processo de reintegração da pessoa atormentada no seio da vida comunitária, é a afirmação de que essa pessoa tem acolhida e é reconhecida pela sua comunidade. O endemoniado está possuído por um outro e pela palavra do outro. Uma pessoa possuída pelo demônio é aquela que perdeu a sua própria palavra e sua fala já não é mais reconhecida por si mesma e nem por aqueles que lhe são relevantes. O exorcismo é, então, um processo de reencontro de si e de mútuo reconhecimento entre o atormentado e sua gente. O exorcismo é o encontro do atormentado com a sua própria palavra. No exorcismo, a comunidade também recebe a cura na reafirmação de seus valores e na confirmação de sua visão de mundo.

O pacto

O pacto é outra forma de se lidar com o mal, com os limites e com o desejo. O pacto é a celebração de um acordo entre o homem e seu demônio. É, por um lado, o reconhecimento da falta e da carência e, por outro lado, a não conformidade com esses limites. O pacto é a precificação do desejo.

A ideia de que é possível constituir um pacto com o diabo remonta à Alta Idade Média, mas ganha tração apenas por volta do século XIII e se torna objeto de sermões, peças de teatro, cantigas, contos e histórias. Essa ideia está na base da perseguição às bruxas no Renascimento. Todas elas haviam estabelecido um pacto com Satanás e eram suas servas. Segundo o *O Martelo das Feiticeiras*, "para realizar perversidades, tema de nossa discussão, as bruxas e o diabo trabalham em conjunto e, dentro do que nos é dado conhecer, nada é feito por um sem o auxílio do outro" (p. 101). Sem a possibilidade de acordos de mútuo interesse, base dos pactos e contratos, não haveria bruxas e a ação do diabo ficaria limitada aos malefícios de ordem espiritual.

Portanto, na Idade Média discutia-se as possibilidades de se fazer pactos e tratos com o diabo (BOUREAU, 2016, p. 89). Era o caso de estabelecer se o diabo tinha caráter suficiente para sustentar um pacto e se era possível confiar que ele cumpriria os tratos acordados. Para além da bizarrice da discussão este assunto se tornou relevante em um contexto em que os contratos ganhavam espaço e confiança para a incipiente economia organizada e centrada nas trocas comerciais. Mais ainda, discutia-se a ideia do contrato social como fonte legítima do poder. O poder buscava as bases de legitimação para seu exercício sem a concorrência das divindades. O contrato significava a possibilidade de acordos condicionais que obrigavam as partes envolvidas. Havia, por volta do século XIII, uma disputa sobre a fonte do poder secular. Reis, príncipes e imperadores obtinham sua legitimidade devido a uma compreensão vicarial desse poder. Ou seja, a autoridade do rei vem da delegação que recebe do

Papa para exercê-la. Isso era objeto de contestação por parte de alguns príncipes e reis. A governabilidade de povos e nações acaba evoluindo para uma relação entre a autoridade secular e a Igreja baseada não mais na subserviência, mas na força de um pacto firmado entre as partes. A ruptura do pacto representava a crise nas estruturas de governabilidade. A cultura do pacto, portanto, já estava presente e fazia parte das bases de sustentação e plausibilidade da governança em diferentes dimensões. É a partir do século XIII que as confrarias, as corporações, as guildas, as sociedades juramentadas se fortalecem baseadas em obrigações contratuais mútuas (BOUREAU, 2016, p. 97). Tais organizações podiam tornar-se muito poderosas, vistas muitas vezes como ameaças, acabavam sendo alvo de tentativas de controle por parte dos poderes eclesiásticos e seculares. Lentamente o pacto surge e evolui como fundamento instituinte da sociedade.

O modelo de democracia burguesa fundada na racionalidade de um contrato e a constituição de um Estado Moderno racional cujo poder respondia a esse contrato, significava a constituição de bases imanentes e mundanas para as novas formas de ordenamento jurídico (BOUREAU, 2016, p. 95). Em torno dessas discussões o diabo servia como contraponto, positivo ou negativo, para o estabelecimento das bases sobre as quais o emergente modo de produção e sua consequente forma de organização política e social se constituiriam.

O pacto com o diabo é, talvez, o tema mais recorrente na literatura, no folclore, no cinema, na música. Podemos encontrá-lo nos cordéis, nos filmes, nas canções e em inumeráveis livros. Entre tocadores de viola caipira, no blues e até na música clássica.

O pacto é a transposição dos limites, é a *hybris* e, consequentemente, a causa da tragédia. Essa tragédia pode ser pessoal, como no caso de Fausto, Dorian Gray, Robert Johnson e Riobaldo, ou pode ser coletiva, como no caso de Brumadinho. Frutos do desejo irrefreado, da arrogância, do orgulho, da ganância, da vaidade luciferina, são todos eles resultados de um contrato assinado com o diabo para transpor os limites de si ou da natureza.

Existe uma diferença entre Deus e o diabo quando o assunto são as relações contratuais. O pacto estabelecido com Deus, nas promessas e compromissos, para a obtenção de uma graça, por exemplo, é fundado num atávico senso de justiça. Isto é, o pactuante precisa fazer jus à graça que deseja. Isso quase sempre implica em sacrifício que possa torná-lo merecedor da realização de seu desejo. Nesse modelo, o pactuante se mantém íntegro e detentor de si, pois, em tese, se Deus aceita a troca, isto é, uma graça pelo sacrifício, o resultado soma zero e ninguém fica devendo nada a ninguém.

O pacto com o diabo, por sua vez, está fundado em um sentimento de privilégio, isto é, a aquisição de algo que o pactuante nada fez para merecer. Isso pode custar-lhe a alma. Os caminhos de Deus são doloridos, longos e sofridos, exigem esforço e dedicação. Se alguém, por essa via, deseja tocar bem um instrumento, precisará dedicar horas, dias e anos de estudo com método e disciplina. O caminho do diabo, porém, é um atalho. Sem custo imediato, qualquer um pode se tornar um *virtuose* em qualquer instrumento ou um craque com uma bola nos pés. O curioso é que, no imaginário do povo, o virtuosismo na música das classes subalternas, quer seja do caipira brasileiro ou dos negros americanos, está associado ao pacto com o diabo. Com pouquíssimas exceções, como Paganini ou Frantz Lizt, ninguém diz o mesmo a respeito dos artistas da música clássica. Para quem não tem nem tempo e nem dinheiro para se dedicar aos estudos, só lhe resta o pacto com o diabo. O atalho.

O pacto com o diabo, pode-se fazê-lo sem sabê-lo. É o caso de Riobaldo, por exemplo. Ele esteve nas Veredas Mortas para tratar com o demo e saiu de lá sem saber se havia conseguido fazer o trato desejado. Ele também queria transpor os limites de si. Ele mesmo afirma: "*Eu queria ser mais do que eu*" (ROSA, 2019, p. 303). Mais de si para cumprir o propósito de matar o Hermógenes. Feito ou não feito, ele volta diferente daquelas Veredas. Ele assume a chefia do bando, ganha o novo nome: não mais o Tatarana, mas agora o Urutu Branco, atravessa o Liso do Sussuarão, coisa inédita até o momento, e parte ao encalço de Hermógenes. Essa travessia é emblemática. Fosse ele um soldado romano, poderia ter proclamado "*Alea jacta est*". Riobaldo se descobre outro, reconhecível para si por saber-se finalmente inteiro naquilo de que fato era: "*eu bem que tinha nascido para jagunço*" (ROSA, p. 323). A dúvida do pacto persegue Riobaldo. Mal sabe ele que é na dúvida que o diabo mora: "*Se você é o filho de Deus...*", tentava o Cujo a Jesus. A certeza de si traz a paz e a confiança para resistir ao diabo. Mas aqui o paradoxo é que tal certeza foi fruto de um pacto. Paradoxo cuja solução estará apenas nas últimas linhas do romance.

Riobaldo desejava estabelecer um pacto com o diabo a fim de matar o Hermógenes. Tal pacto era necessário porque ele não via em si as condições, capacidades, forças e as astúcias necessárias para a tarefa. Subiu às Veredas Mortas, varou madrugada invocando o demo. Mas o Cujo não veio. Riobaldo saiu de lá duvidando se tinha ou não tinha feito o acordo: sua alma pelo assassinato de seu desafeto.

CAPÍTULO 5 – A GESTÃO DO MAL

No entanto, Riobaldo saiu diferente daquelas Veredas. No final ficou a dúvida:

> Ao que fui, na encruzilhada, à meia-noite, nas Veredas Mortas. Atravessei meus fantasmas? Assim mais eu pensei, esse sistema, assim eu menos penso. O que era para haver, se houvesse, mas que não houve: esse negócio. Se pois o Cujo nem não apareceu, quando esperei, chamei por ele? Vendi minha alma algum? Vendi minha alma a quem não existe? Não será o pior? (ROSA, p. 347)

A dúvida era justa e razoável, porque, ao final, Hermógenes estava morto. Pode-se questionar se o preço pago compensou. É uma pergunta difícil, pois não sabemos qual é o preço justo de nossa alma. Talvez, vendê-la a preço de banana ainda esteja caro. Ou talvez, para sermos senhores de nós mesmos, ela valha a morte de um Deus.

De qualquer forma, compadre Quelemém, no final do livro, dá o rumo e acerta o prumo do desenlace:

> Compadre meu Quelemém me hospedou, deixou meu contar minha história inteira. Como vi que ele me olhava com aquela enorme paciência – calma de que minha dôr passasse; e que podia esperar muito longo tempo. O que vendo, tive vergonha, assaz.
>
> Mas, por fim, eu tomei coragem, e tudo perguntei:
>
> — "O senhor acha que a minha alma eu vendi, pactário?!"
>
> Então ele sorriu, o pronto sincero, e me vale me respondeu:
>
> — "Tem cisma não. Pensa para adiante. Comprar ou vender, às vezes, são as ações que são as quase iguais..." (ROSA, p. 434)

Minha conclusão é que Riobaldo, nas Veredas Mortas, comprou finalmente sua alma ao diabo. Recuperou o que lhe pertencia e assumiu aquilo que sempre fora. Se o diabo é o que cinde e divide, então, tomar de volta para si, em demanda da inteireza de tensão e ação é que é a natureza do pacto.

> Amável o senhor me ouviu, minha ideia confirmou: que o diabo não existe. Pois não? O senhor é um homem soberano, circunspecto. Amigo somos. Nonada. O diabo não há! É o que eu digo, se for... Existe é homem humano. Travessia. (p. 435)

Capítulo 6
A Morte do Diabo

O modo burguês de pensar a vida tem nostalgias de um mundo encantado. É como se houvesse um vazio, uma carência a ser respondida. Essa nostalgia é visível no sucesso que fazem obras como Harry Potter, é visível nos templos cheios e na teimosia em acreditar que a vida não se resume naquilo que os olhos veem. É como se as armas da racionalidade burguesa e as soluções que a modernidade encontrou no ordenamento da vida não fossem capazes e suficientes para dar conta da disposição humana para o mal.

O diabo cumpriu um papel importante na gestão do mal ao nominá-lo e ao permitir a ritualização de seu controle, ao circunscrever sua forma de atuação e ao legitimar os poderes e instituições capazes de enfrentá-lo.

O diabo é uma metáfora dos aspectos sombrios da vida social. Historicamente construído em processos dialógicos de sínteses e exclusões por mais de mil anos, confunde-se com a própria história da igreja cristã e do Ocidente. É difícil escapar à formulação de Durkheim que via nos seres maléficos não outra coisa além de "estados coletivos objetivados" ou "a própria sociedade vista sob um dos seus aspectos" (DURKHEIM, 2000, p. 453).

A morte do diabo foi um processo tão longo quanto a morte de Deus, embora Deus tenha sobrevivido ao diabo por uns cem anos ainda. Ambos morrem da mesma doença, com os mesmos sintomas.

O processo ocidental de desencantamento do mundo é ao mesmo tempo o da emergência de um novo homem. A morte dos deuses, fastos ou nefastos, é um acontecimento que não pertence à biografia deles, mas, antes à do próprio ser humano. A gesta dos deuses é um espelho da história dos homens, assim também a morte desses deuses é a morte daquele homem que havia fincado no *mundo-de-lá* a estrutura axial do *mundo-de-cá*.

Tomás de Aquino, no século XIII, de forma insuspeita, ao tratar do diabo (AQUINO, 2022), abriu as primeiras trilhas e plantou a primeira semente, em solo cristão, daquilo que veio a ser, quinhentos anos mais tarde, os fundamentos da sociedade e do estado modernos. Aquino fez uma distinção entre o mundo espiritual e o mundo natural (cf., COSTA, 2006, p. 37). Todos os eventos que acontecem poderiam ser de ordem natural (seria a maioria dos eventos) ou de ordem espiritual. Esses últimos poderiam ser subdivididos em milagres (*miracula*) e maravilhas (*miranda*). O milagre seria a intervenção divina na ordem natural sem qualquer mediação. A maravilha seria também uma intervenção divina, mas dependente de causas secundárias e não implica na suspensão da providência divina ordinária. A ação do diabo só aconteceria no âmbito das maravilhas, porque os milagres seriam atribuição exclusiva de Deus (AQUINO,

2022, p. 183). Essa proposição limitou a ação dos demônios ao campo espiritual. Eles já não podiam mais agir de forma direta e imediata sobre o mundo físico e natural. Agora, sua atuação só seria possível pela mediação de homens e mulheres sujeitos à influência do espírito maligno. Essa proposição de Tomás de Aquino tem amplas implicações sobre o crescente adensamento da vida em sociedade levantando suspeitas e exigindo formas de controle social. Se, por um lado, os demônios tiveram seus poderes restringidos, por outro eles se fizeram cada vez mais presentes e ativos no reino espiritual.

O interessante nessa questão não é apenas a restrição da ação do diabo ao campo espiritual, mas, principalmente, a divisão criada entre mundo natural e mundo espiritual. Essa distinção evoluiu em direção àquela que conformou o pensamento e as motivações da ciência moderna e forneceu os fundamentos para a expansão da civilização europeia, a saber, a separação entre natureza e cultura.

A Reforma Protestante, sem que o desejasse, trouxe uma contribuição fundamental à restrição do campo sagrado no mundo dos homens. Lutero, e com maior ênfase os puritanos calvinistas, com sua fórmula da *Sola Scriptura*, limitou a revelação de Deus e as possibilidades da ação miraculosa dos seres divinos àquilo que está consignado no texto bíblico (ALMOND, 2021, p. 278). Toda revelação de Deus está limitada à Bíblia. Depois de fechado o Canon sagrado no século II, Deus não fala mais, Deus não se mostra mais, Deus não se revela mais aos homens. Nem Deus e nem o diabo. Com a redução da revelação divina ao texto bíblico, as demais coisas, toda a natureza, toda a realidade enfim, se descortina diante desse novo homem e passa a ser o seu campo de atuação. Essa foi, talvez, a maior contribuição que o protestantismo ofereceu para a instauração de um novo modelo social, econômico e científico que independia da religião para se justificar. A própria religião no Ocidente se modifica em sua natureza e passa a ser entendida como algo de foro íntimo, associada a uma opção de fé.

Berger fala sobre a aridez do protestantismo:

> Milagres menos rotineiros, embora não sejam completamente negados, perdem todo o significado real para a vida religiosa. Desaparece também a imensa rede de intercessão que une os católicos neste mundo com os santos e, até mesmo, com todas as almas. O protestantismo deixou de rezar pelos mortos. Simplificando os fatos, pode-se dizer que o protestantismo se despiu tanto quanto possível dos três mais antigos e poderosos elementos concomitantes do sagrado: o mistério, o milagre e a magia. (BERGER, 1985, p. 124)

Esse desencantamento do mundo deixou os homens abandonados pela ação e auxílio das coisas sagradas além de abrir as trilhas para o longo processo que tornou a religião um assunto de ordem privada e limitou a ação e a presença das igrejas no mundo. Quem mais sofreu com isso foi o diabo.

Nos séculos XVI e XVII o diabo havia se tornado protagonista da cena religiosa. Mesmo limitado em sua atuação ao campo espiritual, ou talvez por isso mesmo, o diabo acabou marcando presença em todos os campos da cultura. Esse protagonismo foi assumido tendo como pano de fundo a Europa em crise diante das guerras de religião. Um diabo forte e senhorial foi muito útil para explicar as calamidades de um lado e para justificar a severidade do julgamento divino por outro. A perseguição às bruxas impõe o medo às pessoas e obtém o silêncio e o consenso diante do poder das igrejas ou dos príncipes. As bruxas e os feiticeiros eram aquelas mulheres e aqueles homens que, de alguma maneira, serviam de veículos para a ação do diabo.

O diabo, agindo no espírito das pessoas, podia controlar os seus corpos e dominá-las. A ação e o gesto desviantes passaram a ser alvo de suspeição e surge a necessidade de constante vigilância e controle sobre as paixões e o comportamento. A luta cósmica entre o Mal e o Bem é transportada para o coração dos homens e abrem-se os caminhos para a culpa pessoal. A caça às bruxas e feiticeiros, promovida tanto por católicos quanto por protestantes, marca esse início da modernidade e começa-se a moldar os corpos e o comportamento desejáveis.

> A confissão do feiticeiro criava o mito de um testemunho individual, apresentado às populações como referência singular, a fim de incitá-las à introspecção, ao sistemático exame de consciência. (MUCHEMBLED, 2001, p. 81)

Em torno da luta contra o diabo, a Europa aprofunda a construção de sua unidade cultural à custa de muita dor, muito sofrimento e muito medo. É nesse sentido que a figura do diabo exerce uma força civilizatória exigindo das pessoas e dos povos o controle de seu lado mais grotesco. O diabo, como algo real, é um dos pilares sobre o qual se sustenta a autoridade da Igreja e dos governos seculares. Ele funciona como uma espécie de fonte de legitimação para o exercício do poder.

> Dando sentido ao que parecia não mais ter sentido, ele foi, assim, um motor poderoso da evolução. A guerra sem

perdão desencadeada por toda parte contra ele produziu vocações religiosas, novas classificações intelectuais, políticas e sociais, esforços de superação de todo tipo em todos os domínios. (MUCHEMBLED, 2001, p. 197)

O diabo veio bem a calhar, na verdade. No entanto, esse protagonismo satânico se esvai em meados do século XVII. Se o diabo se constituiu num argumento de luta contra pensamentos e comportamentos divergentes, a sua imagem e seu lugar na instituição da ordem social são postos em questão com o advento de uma perspectiva mais otimista a respeito do homem e do processo civilizatório presentes no Iluminismo emergente. O domínio do diabo e as fogueiras purgatórias se esvaem à medida que o mundo se desencanta.

No século XVIII, como afirmamos acima, o diabo morre. Mas a sua morte não foi igual em todas as camadas sociais e tampouco em todos os países europeus. Em Portugal, por exemplo, as fogueiras continuaram a arder por muito tempo ainda e nas camadas populares o diabo continuou a atuar como um dos elementos a dar sentido e ordem às coisas cotidianas. Durante toda a Idade Média e início da Modernidade, são diversas, e às vezes contraditórias, as maneiras como o diabo era percebido. Variava com o nível social das pessoas e com o seu grau de compromisso com as instituições religiosas. É quase impossível determinar as representações e o imaginário social sobre o diabo de maneira uniforme e unívoca. Isso perdura ainda nos dias de hoje.

No entanto, seguindo a linha de raciocínio que estamos acentuando, podemos dizer que no século XVIII o diabo perde terreno no imaginário das elites e dos intelectuais e perde também o seu lugar na manutenção das estruturas sociais. Está tudo em discussão, os modelos políticos vigentes, a emergência do tema da laicidade do estado, o papel e o lugar das igrejas, as novas classes sociais, a redefinição de fronteiras nacionais, as novas tecnologias de produção. O século XVIII foi surpreendente em muitos aspectos. E o diabo não sobreviveu a ele. Pelo menos não da mesma maneira como ele era percebido nos séculos anteriores.

Tanto Deus quanto o diabo foram, cada um à sua maneira, razão e motivo para exercícios de controle social ou subjetivo. Com a morte de ambos, o homem ocidental tem procurado, desde o século XVIII, outras fontes mais terrenas, menos metafísicas, para a legitimação do exercício do poder.

O diabo perdeu sua utilidade com o fim das guerras religiosas a partir da Paz de Westfália em 1648. Sua razão de ser estava por demais associada às lutas entre as confissões religiosas pelo domínio dos territórios na Europa que lançavam mão dessa figura maléfica para justificar a negação e a supressão do adversário. Desde meados do século XVII o ambiente cultural e intelectual começa uma lenta mudança e avança sobre esferas da existência que, antes, estavam sob a égide das igrejas e da teologia. O mundo literário e filosófico ousa propor novas formas de resolver os velhos problemas. Novas fórmulas e novas ideias procuram espaços políticos para se testarem e se viabilizarem. Revoluções nas fronteiras nacionais internas, de diferentes dimensões e naturezas, se multiplicam tanto no continente quanto na Inglaterra.

Depois de Descartes o diabo começa a se identificar cada vez mais com a história, com o espírito humano, o inconsciente e a linguagem. Ele perde materialidade e se recolhe à subjetividade do indivíduo:

Difundidas em círculos cada vez mais amplos à medida que a ciência se afirmava, tais concepções alimentavam um movimento maior, no sentido de soltar-se do torno demoníaco. O problema do Mal adquiria lentamente uma dimensão mais pessoal (MUCHENBLED, 2001, p. 204).

Nada melhor para os deuses, e em especial para o diabo, do que perder sua utilidade. Se o diabo já não é mais necessário, ele responde agora aos ditames da liberdade. E no campo da liberdade ele pode ser o que desejarmos que seja. Quando o diabo morre, enquanto força social necessária para a manutenção da ordem, ele também escapa do controle imposto pelas igrejas e monarcas absolutistas. A morte do diabo, na verdade, ao invés de significar o fim do Mal, fez com que ele se tornasse mais presente, mais difuso e de difícil, quase que impossível, figuração. Esse Mal difuso não é reconhecível à primeira vista e exige desse novo homem que emerge do século XVIII um grau de educação para a ética só raramente encontrável e, quase sempre, sujeita a interesses políticos e econômicos que acabam se impondo à vontade pessoal. O diabo se faz presente em áreas e situações que antes não eram campo de sua atuação como, por exemplo, no simples gesto de um burocrata que, com uma caneta nas mãos, pode condenar milhares de pessoas à fome, à pobreza ou à morte. A morte do diabo significa que a sua presença se torna mais ubíqua, sutil, melíflua e lábil.

Capítulo 7
Sobre a Banalidade do Mal

Infelizmente, em nossa modernidade contemporânea, o maior mal é de difícil figuração. Ele se apresenta de forma difusa, insidiosa, solerte e trivial. Pessoas boas podem ser capazes de grandes maldades. A dificuldade em se pensar sobre a banalidade do mal reside no fato de que o mal, em sua dimensão metafísica e ontológica, vem perdendo terreno desde a morte do diabo no século XVIII. O que nos assombra, atualmente, é, na verdade, o mal em suas manifestações morais e históricas. O mal de que somos todos capazes, por mais desmedido que seja. O mal que só não praticamos por falta de oportunidade.

Pedro Pindó, homem bom e sociável, bom marido e bem-querido dos vizinhos: "*homem de bem por tudo em tudo, ele e a mulher dele, sempre sido bons, de bem*" (ROSA, p. 17). Eles tinham um filho de dez anos chamado Valtêi. Pois esse tal de Valtêi era o que havia de ruim. Sentia prazer em ver sofrer as criaturas todas e era capaz de toda maldade. E, na tentativa de endireitar isso, Pedro Pindó e a mãe dão nele "*de miséria e mastro*". Deixam-no sem comer. Amarram-no, nu, na árvore do terreiro e "*lavram o corpinho dele na peia e na taca*". Isso virou um hábito e, tanto Pindó quanto a sua mulher, começaram a sentir prazer nessa malvadeza. Como as surras são dadas em horas regulares, eles até chamam gente para assistir à correção. No argumento de Riobaldo, acompanhando seu compadre Quelemém, isso só é compreensível se o Valtêi merecia isso por conta de males praticados em outras vidas.

De Maria Mutema não falo: me calo, que de tão má que era, virou santa.

Ivã Karamázov conta o caso (DOSTOIÉVSKI, 1970, p. 182) de "*uma menina de cinco anos, por quem criaram aversão seu pai e sua mãe, honrados funcionários instruídos e bem educados*". Açoitavam a menininha e praticavam muitas sevícias na pobre criança. Por fim imaginaram um refinamento na crueldade: nas noites glaciais, no inverno, trancavam a criaturinha na privada sob o pretexto de que ela não pedia a tempo, à noite, para ir ali. Ivã convida seu irmão, Aliócha, a imaginar a dor da garota que, trancada naquele lugar fétido, escuro e gelado, batia com seus pequenos punhos no peito, clamando pelo bom Deus.

Ivã argumenta que todo o sofrimento, dos adultos ao menos, na teodiceia cristã, concorre para a grande harmonia final, no último dia em que se inaugurará o tempo em que o cordeiro e o leão apascentarão juntos. Porém, essa harmonia dos últimos tempos não pode justificar o sofrimento, ao menos o das crianças. Nenhuma harmonia futura merece as lágrimas de uma criança. Há uma grande injustiça na raiz dessa teodiceia.

Desde que o diabo morreu, o mal em sua banalidade assombrosa e cruel nos atormenta, incapazes que somos de figurá-lo, de dar-lhe um nome e, por fim, esconjurá-lo. O diabo faz falta.

Quem já teve a oportunidade de ler Hanna Arendt (1983) em seu livro mais polêmico, *Eichmann em Jerusalém*, deduzirá que Eichmann vendeu sua alma ao diabo. Essa seria uma dedução tola e pueril, mas o argumento de Arendt é que estamos dispostos a vender nossas almas a preço de banana (NEIMAN, 2003, p. 329). O mal para Arendt seria acessível e compreensível tomando como ponto de partida as maldades triviais. As pequenas decisões, fragmentadas em uma estrutura impessoal, burocrática e racional, na qual não há um responsável final a quem possamos nominar e acusar, essas pequenas decisões banais, alimentam o caudaloso rio da maldade humana. O mal, ou o bem, não guardam nenhuma grandeza divina ou demoníaca. O demônio que todos carregamos é apenas aquilo que somos em nossa humanidade patética.

O livro de Hannah Arendt tem como subtítulo "Um relato sobre a banalidade do mal". O professor Tércio Sampaio Ferraz Júnior, na sua apresentação do livro afirma que o texto de Arendt não é "uma reflexão universal, sobre um homem universal, um modelo shakespeariano da maldade na sua grandiosidade mesquinha" (ARENDT, 1983, p. 9). Eichmann não era um arrivista perverso ou um criminoso cínico capaz de matar para alcançar seus objetivos, mas apenas alguém que jamais teria parado para pensar sobre o que realmente estava fazendo. Segundo Arendt, o que caracterizava Eichmann era um *vazio de pensamento* que o predispôs a tornar-se o grande criminoso que acabou sendo. Esse vazio de pensamento transforma o mal em coisa banal. O que Eichmann fez não foi algo que pertença ao cotidiano obviamente, mas nem por isso foi alguma coisa de extraordinário que se pudesse explicar pelo concurso de uma alma demoníaca. Eichmann era um funcionário do governo que nunca pensou e jamais compreendeu que aquilo em que se aplicava com tanto empenho pudesse ser realmente algo tão monstruoso. A banalidade desse mal é um grande problema porque não podemos lançar sobre as costas do diabo ou dos demônios a responsabilidade por aquilo que somos capazes de perpetrar aos nossos semelhantes.

Hanna Arendt é uma otimista contumaz por acreditar que o mal poderia ser compreendido justamente porque ele é próprio de nossa humanidade, assim como é próprio de nossa humanidade a capacidade de julgar. O que aconteceu com Eichmann foi que ele abriu mão desse poder humano de exercer juízo. Ao abdicarmos da razão damos azo ao diabo. O problema de Ivã Karamázov é que ele nunca leu Hanna Arendt.

Para essa humanidade ocidental pós-século XIX a razão ou a racionalidade surge como o último anteparo contra o diabo. Arendt é a expressão mais acabada dessa aposta do ocidente na razão. Porém em Arendt essa não é uma razão metafísica, transcendente e soberana que paira sobre os homens e rege suas vidas. A razão à qual ela se refere é apenas a capacidade de discernimento associada à força moral de escolher o bom. A razão em Arendt é a razão moral. Nenhuma metafísica, nenhuma teodiceia, nenhum apelo a qualquer coisa que transcenda "à lei moral inscrita nas tábuas de carne de meu coração". Neste caso o diabo também é reduzido à sua dimensão moral e imanente. O diabo trivial, no meio do redemoinho.

Essa maneira de lidar com o diabo não é nova. Era, na verdade, a forma mais usual de se haver com ele até o século XI ou XII. É também, na verdade, a forma como as classes populares, ainda nos dias de hoje, entendem e se resolvem com o Tinhoso.

Até o século XII o diabo não era visto com toda essa cerimônia e solenidade que nós vemos em filmes e na literatura. Ele, na verdade, era tratado com uma banalidade muito grande. Esse diabo solene, imperador dos infernos, senhor de todos os demônios, essa figura majestática e hierática é uma criação iniciada no século XII que atendia aos interesses de uma ordem social centrada na figura do papa e dos reis absolutistas. A criação desse diabo teve por efeito tirar das mãos dos leigos, servos e camponeses, toda a autonomia na construção de sentido para o cotidiano vivido na penúria e provação. Um diabo imponente e majestoso, senhor do monopólio de toda a maldade, não poderia estar disponível para o homem comum. A população é desapropriada de suas armas no combate ao mal e esse diabo, aos poucos, passa a ser monopólio do clero e combatê-lo passa a ser tarefa de especialistas. A vida adquiria dimensões inumanas e um sentido de verticalidade que as mentes mais simples não podiam abarcar. É desse período também o início da arquitetura gótica com suas dimensões exuberantes, alturas inatingíveis, e vazios aterrorizantes. Esse estilo arquitetônico é revelador do tipo de espiritualidade gestada nos mosteiros e inacessível ao homem comum. O diabo cristão ocidental é produto da mesma religião que edificou as grandes catedrais góticas. O diabo também é gótico. Essas catedrais monumentais, pensadas para realçar a majestade divina, de um lado, e a insignificância humana de outro, são representativas do tipo de espiritualidade e da religião que estavam em gestação na Idade Média central. Um diabo condizente com esse tipo de percepção religiosa não poderia ser de menor porte e majestade. E nos próximos 500 ou 600 anos ele só fez crescer na consciência dos cristãos europeus. Nesse período foi dado ao diabo tanto poder que o monoteísmo flertou de muito perto com a possibilidade de existirem dois deuses (ALMOND, 2021, p. 301).

O apogeu da glória e da fama do diabo aconteceu nos séculos XVI e XVII. O século seguinte marca o declínio de Belzebu e, com o avanço da ciência moderna que buscava estabelecer as relações causais entre os fenômenos observáveis, essa figura maléfica não chega viva ao século XIX. A morte do diabo acontece basicamente nas camadas sociais mais intelectualizadas, mais iluminadas, sedentas de um ambiente onde o pensamento e as investigações pudessem ter livre curso, sem a peia representada pelo medo administrado pela Igreja. A morte do diabo foi uma exigência, ou uma consequência de um mundo cada vez mais secularizado no qual as Universidades, o Estado e a cultura já não encontravam mais alguma legitimidade para a tutelagem imposta pelas Igrejas.

Nesse processo de desencantamento do mundo, um teólogo calvinista, Baltasar Bekker (1634–1698), teve um importante papel ao publicar o livro *O mundo encantado*. Esse livro foi objeto de grande controvérsia no princípio do Iluminismo europeu. Foram mais de 300 publicações que se seguiram para atacá-lo ou defendê-lo. Para aquela época isso não é pouco. Basicamente, Bekker defendia a tese de que os demônios não podiam interagir com os seres humanos e nem com qualquer objeto físico da natureza. Tudo aquilo que, antes, era atribuído ao demônio, ele chamou de superstição a ser combatida pela verdadeira fé. Para ele, tudo na natureza estava sujeito à providência de Deus e não "aos caprichos do demônio" (ALMOND, 2021, p. 301). A soberania de Deus, tão cara aos calvinistas, era incompatível com as ações dos demônios ou de qualquer outra entidade espiritual. Bekker restaurou a fé no monoteísmo. O custo dessa restauração foi um mundo desencantado.

Sem a concorrência do diabo, como explicar o mal e a maldade? Esse é o drama e a tragédia do homem ocidental e moderno. Não havendo mais o diabo "*aí é que ele toma conta de tudo mesmo*". A narrativa cristã tradicional sobre o diabo, no final do século XVII já não faz mais sentido para a cultura letrada do ocidente. Ironicamente, isso representou a libertação do diabo das amarras teológicas, filosóficas e outras formas intelectualizadas de sua contenção. Agora o diabo está solto, livre e fagueiro. O diabo adquiriu novas vidas na cultura cristã popular, novos nomes e novas figurações. O afastamento da intelectualidade teológica dessa personagem teve como resultado a devolução do diabo para as mãos do povo simples. À medida que as igrejas perdem a exclusividade no combate ao diabo e ao medo que ele representa, novas formas de enfrentamento vão surgindo, menos sistemáticas, menos padronizadas, menos intelectualizadas. A literatura, a poesia, as novelas, os romances e, já no século XX, os filmes, democratizam esse personagem e fazem com que o seu combate seja algo acessível a todos.

> Duas imagens de Satã coexistem: uma popular e outra erudita, esta, de longe, é a representação mais trágica, pois o Demônio, nas consciências populares, é uma entre outras tantas sobrevivências míticas que uma conversão imposta não conseguiu exterminar. O Diabo popular é uma personagem familiar, às vezes benfazeja, muito menos terrível do que o afirma a Igreja, e pode ser, inclusive, facilmente enganado. A mentalidade popular defendia-se, desse modo, da teologia aterrorizante – e muitas vezes incompreensível – da cultura erudita (NOGUEIRA, 1986, p. 76)

O cenário religioso se torna mais rico e dinâmico com a emergência de igrejas que não têm compromissos nem com as estruturas eclesiásticas tradicionais e nem com os Estados em conflito uns com os outros. O domínio e o controle do diabo é uma forma de administração da maldade nossa de cada dia. Enquanto uns vão para o divã do psicanalista, a maioria acorre aos templos em busca de alternativas para a aflição. A luta do povo simples, ao fim e ao cabo, está centrada na afirmação de que o mal não é coisa banal, não pode ou não deve ser uma coisa cotidiana, corriqueira, aceitável. O mal é coisa excepcional e precisa ser combatido. Se os teólogos abandonam a luta contra Satanás, as igrejas populares, pouco afeitas às sofisticações teológicas, guardam para si o combate contra os demônios. O diabo morreu para a intelectualidade europeia no final do século XVIII, mas manteve-se vivo e atuante na vida do povo que sempre desconfiou de uma ciência própria de iniciados gestada nos mosteiros e nas universidades dos bem-nascidos.

Capítulo 8
O diabo na Cultura Popular

Falamos em vários momentos atrás que o diabo, no quadrante popular da cultura e da ideação, não opera da mesma maneira que no mundo letrado. Ali, a presença e atuação de demônios no cotidiano da vida não são objetos de questionamento. A soberania, a autoridade e o poder de Deus não são percebidos como contradição em face à atuação do Tinhoso. Não há tentativas de conciliação e acomodação na existência de Deus e o diabo, duas realidades que, no pensamento erudito, seriam mutuamente excludentes. Nas religiões populares, o Capiroto, de fato, está ali espalhando as cascas de banana e dispondo cuidadosamente as pedras em nossos caminhos que nos farão tropeçar.

O diabo está presente desde sempre na cultura, nas estórias e no folclore popular. Ele é objeto de chacota e zombaria e pode ser enganado pela astúcia e rapidez de raciocínio. O grande Príncipe das Trevas faz papel de bobo e ingênuo todas as vezes em que tenta levar para o inferno a alma de uma pessoa que, aos olhos de todos, não merece esse destino.

Essa astúcia está presente em muitas estórias protagonizadas por pessoas simples. Quase nunca por gente rica, pelos donos de terras, pelos senhores do engenho, ou pelo clero. Nas estórias populares o enfrentamento com os donos do poder, aqueles que podem, de fato, causar o mal para o pobre, é solucionado pela sagacidade da gente simples. São centenas de estórias nas quais o diabo é enganado, ludibriado e ridicularizado. No horizonte final dessas narrativas está o embate entre classes sociais ou entre os que detêm a riqueza e o poder de um lado e os despossuídos de outro. O pobre e o necessitado, com astúcia e artimanha poderão pôr o diabo a serviço da justiça. Ele dará a paga merecida ao mau. O diabo é, na verdade, o sustentador da moral e dos bons costumes que pune o adúltero, o avarento, o mentiroso, o egoísta. O diabo, assim, acaba funcionando como o fiador da ordem social.

Esse diabo popular é a maneira como as classes mais carentes domesticam o medo e o terror imposto pela luta pela sobrevivência. A cultura e a literatura populares mostram essa sabedoria no trato com o mal.

> A mensagem era preciosa: uma pessoa ordinária, no uso de sua inteligência nativa, poderia fazer de bobo o Príncipe da Escuridão. A onipresença de tais histórias é testemunho da atração delas para as necessidades básicas. Alunos, fazendeiros, sapateiros, ferreiros, colonos, meninas serviçais, pedreiros e monges são os heróis comuns desses contos; muito mais raramente é um padre ou um cavalheiro. (RUSSEL, 2003, p. 71)

CAPÍTULO 8 – O DIABO NA CULTURA POPULAR

A estupidez do diabo, realçada nas estórias contadas e declamadas pelos bardos populares eram maneiras de dar sentido e tornar administrável a maldade. Além disso, o diabo poderia ser útil em vários momentos resolvendo pequenos problemas, encontrando objetos perdidos, desviando desafetos do caminho de uns ou promovendo encontros furtivos para outros.

Esse pequeno diabo, útil e tarefeiro, foi retratado na figura do Saci. Monteiro Lobato diz que o Saci "é um diabinho de uma perna só que anda solto pelo mundo, armando reinações de toda sorte e atropelando quanta criatura existe". Ele usa na cabeça uma carapuça vermelha e quem consegue tomar e esconder a carapuça de um Saci fica senhor de um serviçal para as pequenas tarefas cotidianas.

Lobato ensina que para se pegar um Saci é preciso uma peneira de cruzeta, ou seja, uma peneira feita com duas taquaras mais largas que se cruzam no meio e servem como reforço. Quando houver um redemoinho de poeira e folhas secas joga-se a peneira em cima. Com cuidado coloca-se uma garrafa escura sob a peneira e o Saci, "como todos os filhos das trevas", procurará se esconder dentro dela. Nesse momento, tapa-se a garrafa com uma rolha na qual já se tomou o cuidado de desenhar uma cruz porque o que segura o Saci não é a rolha, mas a cruz nela desenhada. Um diabo engarrafado, como um gênio na lâmpada, pode ser de muita serventia.

Esse diabo ingênuo e tolo faz um enorme contraste com o diabo construído durante a Idade Média. Aquele diabo exigia uma estrutura religiosa à altura de seu poder. Somente uma Igreja também poderosa teria capacidade de enfrentar o Imperador dos Infernos, o Belzebu, aquele que era desde a fundação do mundo o Senhor de todos os demônios. Aquele diabo era propriedade exclusiva da Igreja e o povo precisava dela para se haver com o Satanás.

Coisa bem diferente é lidar com o Tinhoso, o Cramulhão, o Capiroto, o Sete-Peles, o Cujo, o Mofento. Esse é o diabo do povo. Acessível no trato e fácil de enrolar. Esse diabo não se exorciza, opera-se com ele, convive-se, contorna-se e, em alguns casos, obtêm-se dele favores. Se o diabo da Igreja morre no final do século XVIII, o diabo popular continua muito vivo e fogoso.

A literatura de cordel, cujas origens remontam às culturas ágrafas da Península Ibérica, é típica e representativa da cultura do Nordeste brasileiro. Essa literatura encontrou no diabo um de seus personagens mais recorrentes. Aqui vemos, ainda e sempre, o seu papel civilizador tal qual ele vinha desempenhando numa Europa em construção nos idos de 1200 em diante (MUCHEMBLED, 2001, p. 143).

Nessa literatura nordestina, os cordelistas têm uma maneira comum de compreender o diabo, interagir com ele e dar-lhe o mesmo destino ao final das narrativas cantadas em versos. Entre os estudiosos dos Cordéis convencionou-se reconhecer um "ciclo do diabo", no qual ele sai logrado em suas tentativas de possuir a alma de uma pessoa. O diabo é muito popular no Nordeste e os cordelistas usam e abusam do Tinhoso não apenas para realçar a inteligência e a sagacidade de sua gente, mas também para fazer as marcações morais que devem reger o comportamento desejável.

Zé do Caixão desceu ao inferno e pelejou com Satanás (D'ALMEIDA FILHO, Luzeiro, s/d, p. 9). A disputa girava em torno de quem era capaz de meter mais terror nas pessoas. Às tantas o diabo afirma que no inferno o Zé do Caixão

CAPÍTULO 8 – O DIABO NA CULTURA POPULAR

vai encontrar toda sorte de horror. Vai encontrar esqueletos vivos dançando no fogo e esses esqueletos

> São todos dessas mulheres
> Que mesmo sendo casadas
> Deixam maridos e filhos
> E vão dançando abraçadas
> Com outros homens nos bailes
> Para serem machucadas

E ainda há esqueletos com pesos amarrados nas línguas que perambulam à solta no inferno:

> São todos dessas pessoas
> Que falam da vida alheia
> Fuxicam, levantam falsos,
> Tem cada língua tão feia,
> Tão criminosa e horrível
> Que cresce até légua e meia.

Mas a lista dos malfeitos humanos não para por aí. Ainda há o alerta para os filhos em sua forma de convivência com seus pais:

> Existem outros milhões,
> Parecem corpos carnais
> Dentro de um lago de fogo,
> São filhos maus para os pais,
> Falsos desobedientes,
> Nos castigos infernais

> Assim tem diversos quadros
> De choro e de muita dor
> Lugares onde pode
> Ser visto maior horror
> Lá você pode filmar
> Toda espécie de terror

É importante que se diga que, na cultura popular, o tratamento do diabo como o avesso exemplar do comportamento que se espera dos maridos, das mulheres, dos filhos e dos vizinhos é encontrado também nos cultos pentecostais das periferias das grandes cidades. Entende-se assim a importância de, na hora do exorcismo, oferecer o microfone ao diabo para que ele diga o que é capaz de fazer com quem se entrega à bebida e a outros prazeres carnais.

Além dos aspectos moralizantes, outro tema recorrente na literatura de cordel é o pacto com o diabo. No imaginário popular o pacto é possível, porém condenável. Quem entra em concerto com Satanás compromete-se a entregar-lhe a alma. Em troca pode obter favores e privilégios não acessíveis aos homens e mulheres comuns. Todo aquele que realiza o pacto espera poder ludibriar o diabo e, na hora combinada, poder ficar com os bens e benefícios obtidos e ainda manter a sua alma intacta. Para isso, prepara suas artes com as quais espera vencer a peleja final e, se isso não for suficiente, recorre aos céus, aos santos ou à Virgem, embora, às vezes, nem isso lhe seja de valia.

Uma dessas estórias conta o caso de Manoel João (ALENCAR, 2013), casado e muito pobre por causa da sua preguiça. O diabo, certo dia, vem ter com ele na forma de um homem preto (em vários cordéis o diabo é figurado como um homem preto. O reforço que essa representação trás para a difusão do racismo ainda precisará ser estudado), vem pois o diabo e lhe propõe ajudá-lo em troca de sua alma. A partir daí, tudo que deseja fazer em seu sítio acontece por obra do Cão e nenhum esforço lhe é exigido.

> Manoel João com sua roça
> Vivia bem satisfeito
> Tanto o arroz como o milho
> Não tinha qualquer defeito
> E assim estava certo
> Do seu vultoso proveito

O fim dessa estória não deixa dúvida sobre as consequências do pacto: a sua esposa morre de tanto apanhar de Manoel João por tê-lo desobedecido. Ele, arrependido, reza sem sucesso por absolvição: Satanás vem cobrar o combinado.

> Acabou-se dessa forma
> O infeliz preguiçoso.
> É assim que acontece
> Com o sujeito teimoso
> Que não observa as leis
> Do Deus Todo-Poderoso

O pacto também está presente no imaginário popular dos negros americanos. Flávio Guimarães, grande gaitista brasileiro, compôs, em forma de cordel, a *Balada de Robert Johnson*.

Seu mundo era rutilância
Seu mundo era escuridão
Seu nome era Robert Johnson
cantador d'outro Sertão
Vinte e sete anos vividos
lá nos Estados Unidos
passou veloz como a luz
Naquela terra sombria
onde tristeza e poesia
se dava o nome de Blues

Robert Johnson não sabia tocar viola e, por conta disso, perambulava pelas estradas sem encontrar quem quisesse com ele cantar. Mas:

Dizem que foi o diabo
Quem lhe ensinou a tocar
Em um encontro marcado
Numa noite sem luar
Cruzando as estradas tortas
Daquelas veredas mortas
chegou na encruzilhada
Veio com a mão vazia
E partiu com melodias
Ponteio, rima e toada

A estória se desenrola em torno da mesma temática dos cordéis brasileiros e tem o mesmo fim trágico.

Uma noite numa festa
Tocava de madrugada
E começou um namoro
Com uma mulher casada
Sedutor e seduzido
Cantava como um sentido
Naquele corpo moreno
Quando um copo alguém lhe deu
E ele pegou e bebeu
sem saber que era veneno
Saiu dali carregado
Para o quarto da pensão
Morreu e deixou somente
A mala e o violão
Não levou fama nem glória
Não deixou nome na história
Não levou riso nem mágoa
Foi um sopro de poeira
Uma nuvem passageira
Um nome escrito na água
Foi assim que Robert Johnson
Passou pelo nosso mundo
Brilhou durante alguns anos
E apagou-se num segundo
Não deixou seu nome escrito
No mármore nem no granito
Nas armas nem nos brasões
O que deixou para nós
Foram os versos e a voz
E vinte e nove canções

Essa é a lenda de Robert Johnson. Em torno dessa lenda há um filme chamado Crossroad que fala da busca por uma pretensa trigésima música jamais gravada por Robert Johnson. Um filme para apreciadores de *Blues*.

O universo da viola caipira também tem suas lendas em torno do pacto com o diabo. Nas várias versões que circulam, curiosamente, não há menção à necessidade de se entregar a alma ao diabo no final da jornada em troca de se tornar um violeiro capaz e competente. Parece que o diabo gosta tanto da música caipira que oferece os seus préstimos de graça.

O papel pedagógico do diabo vem de tempos distantes e pode ser visto em outras rimas como, por exemplo, no *Auto da Barca do Inferno*, de Gil Vicente, escrito no século XVI, que sem polpar o clero, a nobreza e os magistrados, expõe de forma satírica a hipocrisia, a dissimulação e a arrogância da sociedade portuguesa da época.

Já o *Auto da Compadecida*, de Ariano Suassuna, de 1955, apresenta a inteligência do povo nordestino na sua luta contra a pobreza, a fome e a seca nas falas de Chicó e João Grilo. Expõe a valência de Nossa Senhora no socorro dos aflitos na hora do juízo, apontando a religião não apenas como articuladora da visão de mundo, mas ainda o seu aspecto utilitário na organização do cotidiano. A vida e a natureza podem ser opressivas, mas essa opressão é contornada com o uso da inteligência.

O Auto da Compadecida trás aspectos da literatura de cordel não só pelo conteúdo moralizante e no uso do diabo, mas também na maneira de como se pode usar as formas e estruturas sociais contra elas próprias. Essa é a razão pela qual as pessoas que ocupam cargos e posições de prestígio são o alvo principal dos versos e rimas de trovadores e compositores populares. No imaginário do povo, é das pessoas ricas e poderosas que o diabo gosta. Deus prefere os pobres.

Na literatura de cordel fica clara a diferença entre a religiosidade popular e a do clero educado. Os representantes da religião instituída, quase sempre associada aos senhores e donos das terras, eram também alvo das críticas e sátiras dos cordelistas e repentistas. Por outro lado, a religiosidade popular fundada na fé e confiança no poder dos santos e de Nossa Senhora, nos acordos e acertos com Padre Cícero, na força da reza do terço, nas romarias e devoções, são vistas sempre de forma positiva e como último recurso nas lutas contra o diabo. A religião oficial tem o seu lugar e prestígio sem dúvida. As confissões, a participação nas missas e nos sacramentos e a observância dos preceitos são valorizados certamente, mas sofrem enquadramentos próprios na cultura religiosa popular. Essa cultura tem seu próprio calendário litúrgico, santos que lhe são exclusivos e rituais que guardam pouca ou nenhuma correspondência com aqueles instituídos pela Igreja. É uma religiosidade centrada na figura do leigo e das festas devocionais. Na estruturação da vida regular, essa religião é mais relevante que a outra. E aqui o diabo tem seu lugar de honra reservado. É importante dizer que a Igreja e o povo não produzem formas antagônicas de religiosidade, mas, pelo contrário, a religião popular acontece nas fissuras e interstícios da religião erudita. Esta oferece o arcabouço que permite o povo construir a sua própria religiosidade e ambas se legitimam mutuamente.

Há quem veja nisso uma forma de alienação, mas ao contrário, a literatura de cordel e sua religiosidade implícita evidencia a consciência social das forças que tornam a vida do trabalhador rural e urbano do Nordeste uma corrida de obstáculos. Essa consciência é um tipo de saber diferente do conhecimento racional, moderno e cartesiano. É um conhecimento mais epidérmico e imediato que possibilita ler a realidade, tomar posição e buscar soluções sem provocar ruptura numa ordem que também permite que a vida aconteça. A religião oferece os operadores linguísticos e culturais, entre eles o diabo, para tornar legível o mundo ao redor.

A Igreja renunciou ao diabo no século XIX. A racionalidade teológica não foi capaz de encontrar um lugar confortável para ele no arcabouço doutrinário para os novos tempos que chegavam. Aos poucos ele foi deixando de ser um operador conceitual nas relações da Igreja com o mundo. Sua presença no debate erudito tornou-se marginal e intermitente. Com isso a cultura popular percebeu o campo aberto para a retomada de um personagem que, distante da lógica racionalizante, imprimia muito sentido para a inteligibilidade dos infortúnios diários. O monopólio da Igreja sobre a figura do diabo, construído a partir da desapropriação do povo da sua capacidade de produzir e gerir os bens de salvação, é quebrado quando essa mesma Igreja não vê mais funcionalidade para esse rico personagem. A religião popular que se manteve viva nos subterrâneos da cultura enquanto a Igreja pontificava a partir dos tronos imperiais, retorna à luz do dia e traz com ela seus heróis, seus santos e o seu diabo.

Referências

ALENCAR, Antonio Sena, **O preguiçoso que fez um pacto com o Cão**, São Paulo, Luzeiro, 2013

ALMOND, Philip, **O diabo, uma biografia**, Petrópolis, Vozes, 2021

AQUINO, S. Tomás, **Os demônios**: sobre o mal, Questão 16, Campinas, Ecclesiae, 2022

ARENDT, Hanna, **Eichmann em Jerusalém**, São Paulo, Diagrama e Texto, 1983

BERGER, Peter, **O dossel sagrado**, São Paulo, Paulinas, 1985

BOURDIEU, Pierre, **A economia das trocas simbólicas**, São Paulo, Perspectiva, 1982

BOUREAU, Alain, **Satã Herético**: o nascimento da demonologia na Europa Medieval (1280 – 1330), Campinas, Unicamp. 2016

CALVINO, J., **Institución de la religión Cristiana**, Rijswijk, Fundación Editorial de Literatura Reformada, 1986

CNBB, **Ritual de exorcismos e outras súplicas**, São Paulo, Paulus, 2008

COSTA, Elcias Ferreira, "Tratado dos demônios em São Tomás de Aquino". In: **Ágora Filosófica**, ano 6, n. 1, Universidade Católica de Pernambuco (UNICAP), 2006

D'ALMEIDA FILHO, Manoel, **A luta de Zé do Caixão com o diabo**, Luzeiro, s/d

DELUMEAU, Jean, **História do medo no Ocidente**, São Paulo, Companhia das Letras, 2009

DOSTOIEVSKI, Fiodor, **Os irmãos Karamázovi**, São Paulo, Abril Cultural, 1970

DURKHEIM, E., **As formas elementares da vida religiosa**, São Paulo, Martins Fontes, 2000

ELIADE, Mircea, **Mito e realidade**, São Paulo, Perspectiva, 1998

ELLIOT, T. S., **Old possum's of pratical cats**, London, Faber and Faber Limited, 1939

FEDERICI, Silvia, **Calibã e a bruxa**: mulheres, corpo e acumulação primitiva. São Paulo, Elefante, 2017

FOUCAULT, Michel, **Segurança, território, população**, São Paulo, Martins Fontes, 2008

GEERTZ, Clifford, **A interpretação das culturas**, Rio de Janeiro, Zahar, 1978

GIUMBELLI, Emerson, "A presença do religioso no espaço público: modalidades no Brasil", **Religião e Sociedade**, Rio de Janeiro: ISER, vol. 28, nº 2 (2008), pp. 80-101

KELLY, Henry Ansgar, **Satã**, uma biografia, São Paulo, Globo, 2008

KRAMER, Heinrich e SPRENGER, James, **O martelo das feiticeiras**, Rio de Janeiro, Rosa dos Tempos, 2021

LEVI-STRAUSS, Claude, **Antropologia estrutural**, Rio de Janeiro, Tempo Brasileiro, 1975

MILTON, John, **O Paraíso perdido**, São Paulo, Editora 34, 2016

MUCHEMBLED, Robert, **Uma história do diabo**, Rio de Janeiro, Bom Texto, 2001

NEIMAN, Susan, **O mal no pensamento moderno**, Rio de Janeiro, Difel, 2003

NEMO, Philippe, **O que é o Ocidente?**, São Paulo, Martins Fontes, 2005

NOGUEIRA, Carlos Roberto F., **O diabo no imaginário cristão**, São Paulo, Ática, 1986

ROSA, Guimarães, **Grande sertão: veredas**, São Paulo, Cia das Letras, 22ª ed., 2019

RUSSEL, Jeffrey Burton, **Lúcifer, o diabo na Idade Média**, São Paulo, Madras, 2003

TERRA, Kenner, **Os anjos que caíram do céu**: O livro de Enoque e o demoníaco no mundo judaico-cristão, São Paulo, Recriar; Vitória, Unida; São Leopoldo, CEBI, 2019.

WEBER, Max, **A ética protestante e o espírito do capitalismo**, Lisboa, Presença Editorial, 2001

WEBER, Max, **Economia e Sociedade**, Brasília/São Paulo, UnB/Imprensa Oficial, 1999

Coleção MyNews Explica

MyNews Explica Evangélicos na Política Brasileira – Magali Cunha
MyNews Explica Eleições Brasileiras – Luis Felipe Salomão e Daniel Vianna Vargas
MyNews Explica Budismo – Heródoto Barbeiro
MyNews Explica Pesquisas Eleitorais – Denilde Holzhacker
MyNews Explica a Rússia Face ao Ocidente – Paulo Visentini
MyNews Explica Sistema Imunológico e Vacinas – Gustavo Cabral
MyNews Explica Como Morar Legalmente nos Estados Unidos – Rodrigo Lins

Próximos lançamentos

MyNews Explica Economia – Juliana Inhasz
MyNews Explica Sistemas de Governo – Denilde Holzhacker
MyNews Explica Buracos Negros – Thaísa Bergman
MyNews Explica Algoritmos – Nina da Hora
MyNews Explica Astronomia – Cássio Barbosa
MyNews Explica Política nos EUA – Carlos Augusto Poggio
MyNews Explica Interculturalidade – Welder Lancieri Marchini
MyNews Explica Liberalismo – Joel Pinheiro da Fonseca
MyNews Explica Fascismo – Leandro Gonçalves; Odilon Caldeira Neto
MyNews Explica Integralismo – Leandro Gonçalves; Odilon Caldeira Neto
MyNews Explica Comunismo e Socialismo – Rodrigo Prando
MyNews Explica Exoplanetas – Salvador Nogueira
MyNews Explica a Inflação – André Braz

MyNews Explica Relações Internacionais – Guilherme Casarões
MyNews Explica Nacionalismo x Globalização: a polarização do nosso tempo – Daniel Souza e Tanguy Baghadadi
MyNews Explica Estabilidade Mundial – Daniel Souza e Tanguy Baghadadi
MyNews Explica Mulheres na Política Brasileira – Manuela D'Avila
MyNews Explica HIV ou A Cura da AIDs – Roberto Diaz
MyNews Explica Comportamento e Saúde Financeira – Jairo Bouer
Mynews Explica Galáxias Distantes – Ricardo Ogando
MyNews Explica Negacionismo – Sabine Righetti e Estevão Gamba
Mynews Explica Democracia – Creomar Souza
MyNews Explica Trabalho e Burnout – Jairo Bouer